Paul Talafo

Naître par l'Esprit

Vivre par l'Esprit

Marcher par l'Esprit

Prier par l'Esprit

Libérer par l'Esprit

Job Daniel Jean

Sauf exception signalée dans le texte, les citations bibliques sont de la version Segond révisé, édition Colombe.

DU MEME AUTEUR

Chez *Job Daniel Jean*

Le disciple que Jésus-Christ cherche
Au bon souvenir de Marie Madeleine

Les premiers seront les derniers et les derniers seront les premiers
Qui sont-ils ?

Du sacerdoce lévitique au sacerdoce du Christ, la lumière sur le salut par la grâce au moyen de la foi
Sur le fondement des apôtres et des prophètes

Un cœur brisé et contrit ou
La repentance, la gratitude et La couronne des vainqueurs

Les écluses des cieux aux héritiers de Dieu et cohéritiers avec Christ sur la terre en ce temps-ci

De la conversion à la sanctification sans laquelle nul ne verra le Seigneur Dieu

INTRODUCTION

Nous devons reconnaître que le Saint-Esprit n'est pas une expression très utilisée dans les milieux religieux en général. Non pas qu'on n'En parle jamais, mais parce que l'Esprit n'est pas considéré à Sa juste place. Les expressions 'Seigneur', 'Dieu' et 'Jésus-Christ' sont plus usités que 'Saint-Esprit'. Pourtant Jésus-Christ avait Lui-même affirmé ce qui suit :

> *«Moi, Je prierai le Père, et Il vous donnera un autre Consolateur – l'Esprit Saint – **qui soit éternellement avec vous**, (...) parce qu'Il demeure près de vous et qu'Il sera en vous»* (**Jean 14:16-17**).

Comment peut-on ignorer à ce point quelqu'un qui est éternellement avec nous, qui demeure près de nous et habite **en nous** ? Cela m'a toujours étonné. Est-ce parce que j'ai beaucoup fréquenté les milieux pentecôtistes où les dons et les ministères de l'Esprit foisonnent ? Possible. Est-ce parce qu'il y a beaucoup de confusion et d'excès dans la compréhension de cette expression ? Probable car s'il existe bien l'Esprit Saint en majuscule, il existe aussi l'esprit humain en minuscule. Plusieurs peuvent même se demander si on ne prend pas, bien souvent, l'esprit humain pour l'Esprit Saint, ou si on ne prend pas sa propre volonté pour celle de Dieu. On poussera la polémique plus loin en parlant des falsifications des dons de l'Esprit. S'il y a de faux dons spirituels, on peut concevoir qu'il existe un esprit de mensonge qui passerait pour l'Esprit Saint. L'Ecriture en parle explicitement. Jésus disait en effet :

> *«Il s'élèvera de **faux christs et de faux prophètes**, ils opéreront de grands signes et des prodiges au point de séduire si possible même les élus»* (**Matthieu 24:24**).

L'Ecriture évoque donc, vers la fin des temps, des manipulations de miracles pouvant induire les saints en erreur.

Détendons-nous. La confusion n'existe que chez *ceux qui périssent*, ceux qui ne connaissent pas Dieu. Les chrétiens ne doivent pas se troubler s'ils gardent l'essentiel : la Parole de Dieu, l'épée de l'Esprit (**Ephésiens 6:17, Apocalypse 1:16**). C'est ce que l'Ecriture affirme qui est vrai. Il y a ce que dit la Parole et ce que le monde affirme. La Parole de Dieu est vraie tandis que celle du monde passe comme l'herbe. Le Seigneur a exhorté Ses chrétiens à garder Ses commandements car l'Ecriture est fiable.

Le but de ce livre est de décomplexer les chrétiens à l'égard du Saint-Esprit et de Son rôle véritable auprès d'eux. Si le Seigneur a promis le Saint-Esprit en disant qu'Il sera éternellement avec les chrétiens, auprès d'eux et en eux, c'est qu'il y a beaucoup à savoir sur l'Esprit. C'est ce que nous essaierons de faire à travers cinq vérités essentielles défendues dans l'Ecriture : ***Naître par l'Esprit, Vivre par l'Esprit, Marcher par l'Esprit, Prier par l'Esprit et Libérer par l'Esprit***.

Seront considérées comme parfaitement équivalentes, les expressions 'chrétien', 'disciple' et 'saint' ainsi que les expressions 'Bible' et 'Ecriture'.

Nous nous excusons auprès du lecteur pour les redondances et répétitions qui ne manqueront pas d'altérer le style et la beauté de la langue. Le souci d'expliquer des vérités difficiles, par des mots simples, les rendait nécessaires, voire incontournables.

Sauf avis contraire, toutes les citations bibliques sont de la version **Segond révisée**. Elles sont reproduites dans le texte pour une meilleure exploitation. **Matthieu 5:10-13** signifiant : *livre de Matthieu, chapitre 5, versets 10 à 13*. Par souci de vérité, nous avons tenu à bien situer chaque verset biblique dans son contexte, en surlignant en **gras** la partie essentielle. Le lecteur trouvera peut-être ennuyeuse la reproduction intégrale des versets bibliques plutôt qu'un renvoi en notes de bas de page. Cela a été fait exprès car les versets mémorisés ont tendance à subir des déformations avec le temps. Est-ce dû à l'usure de la mémoire ou à l'œuvre du diable ? Probablement un peu des deux. Est-ce pour cela que les israélites, après une longue période d'obéissance, recommençaient à transgresser les commandements de Dieu ? Possible. Nous notons que Moïse recommandait aux israélites de lier les commandements comme *un signe dans leurs mains et comme des frontaux entre leurs yeux*, voire de les *écrire sur les poteaux et les portes de leurs maisons* (**Deutéronome 6:8-9**). Cette précaution de Moïse n'est pas fortuite. Le lecteur est donc invité à ne pas s'exaspérer de cette reproduction des Ecritures, mais plutôt, à les lire attentivement. Il remarquera que certains versets, qu'il croyait avoir bien mémorisés, se présentent sous un rapport différent. Nous avons mis en médaillon, sous forme d'encadrés, des mises au point particulièrement importantes. Enfin, tous les pronoms se rapportant au Seigneur Dieu ont été mis en majuscule, par souci de précision et de sanctification de Sa personne. Que le Seigneur Dieu accompagne le lecteur, ouvre son esprit et son intelligence pour comprendre la longueur et la profondeur de Son amour pour les hommes et les femmes qu'Il agrée, en plus de Son appel à la première résurrection. En effet «*Heureux et saints ceux qui ont part à **la première résurrection** ! La seconde mort n'a pas de pouvoir sur eux, mais ils seront sacrificateurs de Dieu et du Christ, et ils règneront avec Lui pendant les mille ans*» (**Apocalypse 20:6**).

GENESE ET DECOUVERTE DU SAINT-ESPRIT

Eléments de base

- A la création, Dieu dota l'homme d'un esprit naturel

> «*L'Éternel Dieu forma l'homme de la poussière du sol ; Il insuffla dans ses narines un **souffle vital**, et l'homme devint un être vivant*» **Genèse 2:7.**

Les propos ci-dessus attestent de l'origine terrestre de l'homme car il fut formé à partir de la poussière de la terre. A l'origine, l'homme n'était qu'une masse inerte, sans vie. Dieu le fit vivre en insufflant dans ses narines un souffle vital. Concrètement donc, c'est le souffle de Dieu qui mit l'homme en mouvement.

Selon la physiologie de l'homme, nous comprenons que le corps humain est irrigué par le sang pompé depuis son cœur biologique. Comment à partir du souffle de Dieu, l'homme devint-il celui décrit ci-dessus ? On comprend que le souffle originel de Dieu mit en mouvement le cœur biologique et le sang. Selon la science, le sang part du cœur biologique, couleur rouge vif à cause de l'oxygène qu'il transporte, et revient en boucle, couleur rouge sombre à cause du gaz carbonique récupéré dans le circuit.

Le souffle originel de Dieu entretient désormais le cœur biologique d'où part et vient le sang. **C'est ce souffle originel qui est devenu l'esprit humain.** Comme cet esprit humain entretient le cœur biologique, on l'appelle aussi **cœur spirituel** car il règne dans la région du cœur, même si nous ne pouvons ni le voir ni l'échographier. L'échographie et la radiographie donnent l'image du cœur biologique mais pas celle du cœur spirituel qui est l'esprit de l'homme. Nous verrons plus loin que c'est dans le cœur spirituel, ou esprit humain, que le Saint-Esprit vient résider à la régénération du chrétien. On parle alors de la nouvelle naissance du chrétien.

Retenons donc que le souffle de Dieu, à l'origine de la création de l'homme à partir de la poussière, mit non seulement le cœur biologique en mouvement, mais créa aussi l'esprit humain dans la région du cœur. Partout où l'Ecriture parle de la circoncision du cœur, il est question des opérations dans l'esprit humain ou cœur spirituel. L'introduction du Saint-Esprit dans l'esprit humain, à la régénération du chrétien, est considérée comme la circoncision du cœur spirituel, car on ne peut circoncire le cœur biologique – extraction du prépuce.

Quand on dit de quelqu'un qu'il a bon ou mauvais cœur, on parle du cœur spirituel et non du cœur biologique.

- L'homme naturel naît de la chair, vit par la chair et marche par la chair

> *«Mais à tous ceux qui L'ont reçue (Lumière), Elle a donné le pouvoir de devenir enfants de Dieu, à ceux qui croient en Son nom et **qui sont nés, non du***

> **sang, ni de la volonté de la chair ni de la volonté de l'homme,** *mais de Dieu»* **Jean 1:12-13.**

Tous les humains naissent du placenta de la femme. Le nouveau-né est un être parfaitement constitué avec du sang circulant dans ses veines. On l'appelle parfois fils de sang. L'Ecriture et la médecine confirment cette réalité en disant que l'homme naît par le sang, la volonté de la chair ou la volonté de l'homme. On a l'habitude de résumer ces trois possibilités en une seule : la chair. L'homme naît donc par la chair. La chair est le moteur de son existence.

L'Ecriture dit que *«la vie est dans le sang»* (**Lévitique 17:11**), c'est pourquoi Dieu a de tout temps interdit aux hommes de consommer le sang, de répandre le sang de ses semblables (**Genèse 9:5-6**). Les animaux comestibles ne pouvaient être consommés avec leur sang. Il fallait d'abord répandre ce sang à terre avant consommation.

Si l'homme naturel naît du sang, on comprend que la chair soit la force sur laquelle repose l'activité de l'homme sur terre. On dit alors que l'homme vit et marche par le sang. C'est le sang qui irrigue toutes les veines du corps humain. Lorsqu'une veine n'est pas irriguée, l'organe est inactif. C'est le cas de certains handicaps physiques.

En résumé l'homme, depuis le placenta, naît du sang, vit et marche par la chair.

- L'homme spirituel naît de l'Esprit, vit par l'Esprit et marche par l'Esprit

Tout comme l'homme naturel naît par la chair, l'homme spirituel – chrétien – naît par l'Esprit. L'homme naturel vient de la terre, tandis que l'homme spirituel vient du ciel. Il faut remonter à la genèse pour établir un parallèle entre la naissance par la chair et la naissance par l'Esprit. L'Ecriture affirme explicitement qu'Adam, le premier homme, venait de la terre ; c'est pourquoi il devint un être vivant – par le sang. Tandis que le dernier Adam (Jésus), venu du ciel, est devenu un être vivifiant – par l'Esprit. Il est en effet écrit :

> *«Le premier homme, Adam, devint un être vivant,* **doué de la vie naturelle.** *Le dernier Adam – Jésus – est devenu, Lui, un être qui,* **animé par l'Esprit, communique la vie»** (**1 Corinthiens 15:45/Bible Semeur**).

Le premier Adam s'est reproduit sur la terre par le sang, via le placenta de la femme. Tandis que Jésus-Christ a multiplié la descendance chrétienne sur la terre par le Saint-Esprit qui communique la vie. C'est pourquoi Jésus affirma à Nicodème :

> **«Si un homme ne naît d'eau et d'Esprit,** *il ne peut entrer dans le royaume de Dieu»* (**Jean 3:5**).

Plus loin, l'apôtre Paul déclarera :

> *«Si quelqu'un n'a pas l'Esprit de Christ, il ne Lui appartient pas»* (**Romains 8:9**).

Examinons un peu plus l'inquiétude de Nicodème lorsque Jésus lui annonça qu'il devait naître de nouveau. Il répondit à Jésus : «*Comment un homme peut-il naître quand il est vieux ? **Peut-il une seconde fois entrer dans le sein de sa mère et naître ?***» (**Jean 3:4**). C'est ici le point essentiel. La naissance biologique et la multiplication de la descendance adamique se font par la chair, le sang et la volonté de l'homme. Tandis que la nouvelle naissance en Christ se fait par l'Esprit. Pas besoin qu'un descendant d'Adam rentre dans le sein de sa mère pour être engendré spirituellement. Comment donc le Saint-Esprit engendre-t-Il une nouvelle créature en Christ ? C'est en vivifiant l'esprit humain. Celui qui reçoit le Saint-Esprit en lui, est vivifié dans son esprit. Son esprit humain est vivifié en devenant le siège du Saint-Esprit. Voilà la nouvelle naissance en Christ.

> La nouvelle naissance en Christ ne se résume ni à la fréquentation des milieux chrétiens, ni à l'imposition des mains des plus affermis, ni au mariage avec un chrétien, bien que ces trois opérations aient leur importance. La nouvelle naissance en Christ commence dès que l'esprit de l'homme naturel est colonisé (vivifié) par le Saint-Esprit qui y établit Sa demeure.

Autant celui qui naît par la chair, vit désormais par la chair et le sang qui circule dans ses veines, autant celui qui naît par l'Esprit, vit par l'Esprit via la vie divine communiquée dans ses membres. On le verra en détail plus loin.

L'Ecriture rappelle que la vie de l'homme naturel est dans le sang. C'est parce que le sang circule et irrigue tous les canaux du corps humain. Qu'en est-il du chrétien ? La vie nouvelle du chrétien est communiquée dans ses membres – mortels – par le Saint-Esprit. Le sang biologique qui circule dans les membres du chrétien n'a rien à voir avec la vie nouvelle communiquée par le Saint-Esprit. Le sang humain communique et entretient la vie humaine tandis que l'Esprit communique et entretient la nouvelle vie, la vie divine. L'Ecriture dit en effet :

> «*Et si l'Esprit de Celui qui a ressuscité Jésus d'entre les morts habite en vous, Celui qui a ressuscité le Christ-Jésus d'entre les morts **donnera aussi la vie à vos corps mortels par Son Esprit qui habite en vous***» (**Romains 8:11**).

L'apôtre Paul révèle dans son épitre aux Romains que le Saint-Esprit communique la vie à nos corps mortels. Il s'agit d'une vie divine. Le Saint-Esprit, présent dans l'esprit humain, communique la vie divine au reste du corps qui est pourtant mortel. Attention : la présence du Saint-Esprit dans l'esprit de l'homme ne rend pas ses membres – corps physique – immortels. Autrement les chrétiens seraient immortels. En revanche, le Saint-Esprit Se borne à communiquer au corps humain – mortel – la vie de Dieu. C'est cette vie divine qui opère via le corps humain selon la volonté de Dieu. C'est par cette vie divine que David était capable, quoiqu'adolescent, de tuer le lion et l'ours, et, plus tard, de tuer le général Goliath avec une fronde et la pierre. C'est cette vie divine qui permit à David de jouer de la harpe pour apaiser le roi Saül en proie aux tourments.

C'est cette vie divine qui accomplit la volonté de Dieu à travers les membres mortels du chrétien car, tôt ou tard, le chrétien sera rappelé à Dieu et son corps physique retournera à la poussière. En attendant cette issue fatale, la vie de l'Esprit est communiquée aux membres du chrétien pour accomplir la volonté de Dieu.

L'homme naturel – fils d'Adam – naît et vit par la chair. L'homme spirituel – chrétien – naît et vit par l'Esprit.

Si l'homme naturel naît, vit et marche par la chair, alors l'homme spirituel naît, vit et marche par l'Esprit. C'est la substance de l'exhortation de l'apôtre Paul :

> «*Si nous vivons par l'Esprit, **marchons aussi par l'Esprit**»* (**Galates 5:25**).

Par ces propos, l'apôtre Paul reconnaît qu'un chrétien qui naît et vit par l'Esprit, peut se tromper en marchant par la chair. Malheureusement de nombreux chrétiens sont toujours tentés de fonctionner comme s'ils étaient du monde. Ils reproduisent la vie des païens. L'apôtre invite à tourner le dos aux tendances de la chair. Il avertit que si un chrétien marche par la chair, il mourra :

> «***Si vous vivez selon la chair, vous allez mourir ; mais si par l'Esprit, vous faites mourir les actions du corps, vous vivrez, car tous ceux qui sont conduits par l'Esprit de Dieu sont fils de Dieu»*** (**Romains 8:13-14**).

Une autre façon de différencier la naissance par la chair et la naissance par l'Esprit consiste à voir que le cœur biologique de l'homme fait circuler le sang dans les différentes artères du corps. C'est Dieu qui, en soufflant dans les narines du premier Adam, tiré de la poussière du sol, lança les premiers battements du cœur. Depuis lors, l'homme naturel se reproduit en transmettant cette faculté à ses descendants. En lançant les battements du cœur biologique, Dieu créa aussi l'esprit humain : il s'agit du souffle originel de Dieu dans le cœur biologique. On appelle donc l'esprit humain, le cœur spirituel de l'homme, à ne pas confondre avec le cœur biologique qui est visible et palpable.

Le cœur spirituel ou esprit humain est le lieu investi (colonisé) par le Saint-Esprit à la régénération du chrétien. On dit que le chrétien a été vivifié, qu'il est né de nouveau. On dit aussi que le chrétien est circoncis de cœur – spirituel. Partout dans l'Ecriture, lorsqu'il est question de circoncision du cœur, il s'agit de l'occupation de l'esprit par le Saint-Esprit. Le Saint-Esprit vient demeurer chez le chrétien en colonisant son esprit humain. L'esprit du chrétien est aussi son cœur spirituel car, comme indiqué plus haut, c'est par le souffle de Dieu dans les narines de l'homme, que le cœur biologique se mit à battre. Le cœur biologique peut être considéré comme le siège de l'esprit humain. Mais on ne peut circoncire le cœur biologique. Cependant on peut circoncire le cœur spirituel par une opération consistant à faire entrer le Saint-Esprit dans l'esprit humain.

Utilité et rôle du Saint-Esprit

Le Saint-Esprit agit sur toute chair, chrétien et païen compris, selon qu'il est écrit : *«Je répandrai de Mon Esprit sur toute chair»* (**Actes 2:16**). Jésus affirme aussi que le Saint-Esprit, à Son arrivée, convaincra le monde de péché, de justice et de jugement (**Jean 16:8**). Nous mettrons les différentes fonctions du Saint-Esprit en évidence en rappelant que le Saint-Esprit remplace fidèlement Jésus-Christ sur la terre, à la nuance près que le Saint-Esprit est et demeure invisible alors que Jésus de Nazareth était visible.

- Vis-à-vis du monde : le Saint-Esprit convainc de péché, de justice et de jugement

*«Et quand Il (Saint-Esprit) sera venu, **Il convaincra le monde de péché, de justice et de jugement»** Jean 16:8*.

L'Ecriture ne nous autorise pas à aller au-delà des limites qu'elle fixe elle-même dans un style littéraire bien à elle. Nous ferions bien de nous tenir à cette discipline pour éviter des déviations coupables. L'Ecriture met en effet en garde contre tout rajout et tout retrait de vérités. Il est écrit : *«Je l'atteste à quiconque entend les paroles de la prophétie de ce livre : Si quelqu'un y ajoute, Dieu ajoutera à son sort les plaies décrites dans ce livre. Et si quelqu'un retranche des paroles du livre de cette prophétie, Dieu retranchera sa part de l'arbre de vie et de la ville sainte, décrits dans ce livre»* (**Apocalypse 22:18-19**). A travers le verset **Jean 16:8** ci-dessus, on peut en toute pertinence se demander comment l'Esprit du Dieu si saint arrive-t-Il à convaincre les pécheurs. Comment procèdera-t-Il quand on sait que Jésus-Christ a promis l'Esprit Saint à ceux-là SEULS qui croient en Lui (**Jean 14:26**) ?

La réponse nous est fournie par l'Ecriture. Dans la prophétie de Joël concernant l'avènement du Saint-Esprit, prophétie rappelée par Pierre à la Pentecôte, il nous est dit que Dieu *répandra Son Esprit sur TOUTE chair* (**Actes 2:17**). D'autres versions disent : *"Sur TOUS les hommes"*.

> *«Dans les derniers jours, dit Dieu, **Je répandrai de Mon Esprit sur TOUTE chair** ; vos fils et vos filles prophétiseront. Vos jeunes gens auront des visions, et vos vieillards auront des songes. Oui, sur Mes serviteurs et sur Mes servantes, dans ces jours-là, Je répandrai de Mon Esprit ; et ils prophétiseront. Je ferai des prodiges en haut dans le ciel et des signes en bas sur la terre, du sang, du feu et une vapeur de fumée ; le soleil se changera en ténèbres, et la lune en sang, avant que vienne le jour du Seigneur, Ce jour grand et magnifique. Alors quiconque invoquera le nom du Seigneur sera sauvé»* (**Actes 2:17-21**).

Quand Jésus-Christ annonce l'avènement du Saint-Esprit – Consolateur –, Il dit que le Saint-Esprit viendra **auprès** et **dans** Ses disciples. C'est-à-dire que le Saint-Esprit sera à l'extérieur (**auprès** ou sur la peau) et à l'intérieur (**dans** le cœur) du disciple :

> *«Moi, Je prierai le Père, et Il vous donnera un autre Consolateur – Esprit Saint – qui soit éternellement avec vous, (...) parce qu'Il demeure **près de vous** et qu'Il sera **en vous**»* (**Jean 14:16-17**).

En disant que le Saint-Esprit viendra auprès de Ses disciples, Jésus est en phase avec le prophète Joël. En affirmant que le Saint-Esprit viendra dans le disciple, Jésus prédit à l'avance le statut du chrétien qui croit en Lui : le chrétien est le temple du Saint-Esprit (**1 Corinthiens 6:19**).

Aujourd'hui donc, suivant le prophète Joël, tout être humain a le Saint-Esprit sur la peau, quelle que soit sa religion : musulman, athée, polythéiste, animiste, etc. On précise bien "SUR la peau" et non "AU-DEDANS de la peau". Le rôle du Saint-Esprit est de convaincre *le monde de péché, de justice et de jugement*. Le Saint-Esprit saura le faire car Il est présent sur TOUTE chair – peau.

Vis-à-vis du païen, le Saint-Esprit conduit au sentiment de culpabilité en vue d'un jugement éternel – damnation – si le païen ne se repent pas. Vis-à-vis du chrétien, en revanche, le Saint-Esprit mène à la gloire «*Car ceux que Dieu a prédestinés (à être semblables à l'image de Son Fils), Il les a aussi appelés ; et ceux qu'Il a appelés, Il les a aussi justifiés, et ceux qu'Il a justifiés, Il les a aussi **glorifiés***» (**Romains 8:30**).

Il ne nous appartient pas de décrypter la manière dont le Saint-Esprit, présent sur toute chair humaine, procède pour convaincre de péché, de justice et de jugement. Sachant que Dieu a accès au cœur de tout homme, pour avoir insufflé la vie dans ses narines au commencement, il n'y a pas de doute à avoir sur Sa capacité à convaincre le païen par le biais de Son Esprit présent sur la peau de ce païen.

- Le Saint-Esprit sonde les profondeurs de Dieu avec le chrétien

> *«L'Esprit sonde tout, **même les profondeurs de Dieu**» 1 Corinthiens 2:10*.

Ce passage des Ecritures indique la propension du Saint-Esprit à sonder les profondeurs de Dieu. C'est une évidence, dirons-nous, car Dieu est aussi Esprit. Mais deux versets plus haut, une affirmation ne manque pas de nous intriguer. L'apôtre dit en effet auparavant :

> *«Mais c'est, comme il est écrit : ce que l'œil n'a pas vu, ce que l'oreille n'a pas entendu, et ce qui n'est pas monté au cœur de l'homme, **tout ce que Dieu a préparé POUR ceux qui L'aiment**» (1 Corinthiens 2:9).*

En clair, lorsque l'Esprit sonde les profondeurs de Dieu, alors qu'Il est Lui-même Dieu (expliqué plus bas), nous devons comprendre que l'Esprit le fait **POUR** *ceux qui L'aiment*. Il s'agit précisément d'une visite des appartements intérieurs de Dieu. Cela signifie concrètement que Dieu aime faire visiter Ses appartements intérieurs à ceux qui L'aiment. Cher lecteur, ne devriez-vous pas, à plus forte raison, faire partie de ceux qui aiment Dieu – puisque Dieu désire fortement vous faire visiter Ses appartements secrets ?

Que trouve-t-on dans les appartements intérieurs de Dieu ? Tout. Vraiment tout. Tout ce qui se rapporte à la création de Dieu dans les cieux, sur la terre et dans les eaux plus bas que la terre. Dans toute sa variété donc. En créant l'homme à Son image, Dieu n'avait pas moins d'ambition que de Se révéler à cet homme tel qu'Il est, Lui, Dieu.

Quelle mère n'aimerait pas tout raconter à sa fille ? Quel père n'aimerait pas tout révéler à son fils ? C'est très important pour préparer la progéniture à relever les défis du futur. Dieu n'en pense pas moins. Il tient à ce que Ses enfants soient équipés pour relever tous les défis de la vie. Il veut donc que Ses enfants Le connaissent. Priant Son Père, Jésus dit en effet :

> *«Or, la vie éternelle, c'est **qu'ils Te connaissent**, Toi, le seul vrai Dieu, et Celui que Tu as envoyé, Jésus-Christ»* (**Jean 17:3**).

Dieu fera tout pour que Ses enfants Le connaissent, à condition que Ses enfants le veulent bien et en manifestent l'intérêt. Comme cela vient de Dieu et non de l'homme, c'est un don. Il appartient à l'homme de tendre la main et de ne pas passer à côté d'une grâce si importante.

> Visiter les appartements de Dieu, grâce au *Saint-Esprit qui sonde les profondeurs de Dieu*, amène le chrétien à côtoyer les intentions inexprimables de Dieu sur toutes les questions de la vie. Plus cet exercice se prolongera dans le temps, plus le chrétien connaîtra Dieu et Sa volonté sur différentes questions de l'existence.

Que le chrétien, habitué à cet exercice, ne soit pas surpris des réflexes instinctifs qu'il pourra avoir sur des vérités et faits de société. Il arrivera que, sans une explication rationnelle, le chrétien ressente intérieurement une vive opposition à un événement, une vérité, un comportement, une opinion. Il s'agit du résultat de ses multiples balades dans les appartements intérieurs de Dieu. C'est après avoir pris en considération cette opposition que Dieu lui donnera une parole basée sur l'Ecriture.

C'est pourquoi le chrétien ne doit jamais arrêter de se sanctifier. *Veillez et priez !* dit le Seigneur. Cette veille spirituelle comprend une sanctification continue. Par cet exercice, le chrétien s'habitue à la volonté de Dieu qui peut d'abord s'exprimer à l'instinct, avant une explication fondée sur l'Ecriture.

L'onction que nous avons reçue ne peut mentir. Elle est véritable. C'est un enseignant très fiable puisque l'Ecriture dit que nous n'avons plus besoin d'être enseignés, car l'onction nous enseigne toute chose. Il est en effet écrit :

> *«L'onction que vous avez reçue du Seigneur demeure en vous, et **vous n'avez pas besoin qu'on vous enseigne ; mais comme Son onction vous enseigne toutes choses, qu'elle est véritable et qu'elle n'est pas un mensonge,** demeurez en Lui (Christ) comme elle vous l'a enseigné»* (**1 Jean 2:27**).

- Quand est-ce que Dieu révèle Ses profondeurs à Ses enfants ?

Cette question est fondamentale mais simple à clarifier. Visiter les appartements intérieurs de Dieu n'a pas d'heure fixe. Il s'agit d'une totale discrétion du Saint-Esprit. Le Saint-Esprit saisira toutes les occasions favorables pour promener le chrétien dans les appartements intérieurs de Dieu. Le but de ces visites est de nourrir, consolider la communion, la conscience et l'instinct du chrétien.

Ces visites peuvent se faire à tout moment de la journée, durant un trajet aller-retour, pendant le boulot, dans les toilettes ou sous la douche, lors des promenades, durant les veilles de nuit. A tout moment selon que l'Esprit le jugera utile et que le chrétien sera disponible.

L'Esprit peut exhumer un passage des Ecritures s'Il estime la compréhension du chrétien insuffisante. Comme l'Esprit sonde toutes choses, y compris le cœur du chrétien, Il mesure parfaitement le niveau de compréhension que l'on a de la parole de Dieu. L'Esprit a reçu du Seigneur la mission de conduire le chrétien dans toute la vérité et de lui rappeler ce que Christ a enseigné :

> «*Mais le Consolateur, le Saint-Esprit que le Père enverra en Mon nom, c'est Lui qui vous enseignera toutes choses et **vous rappellera tout ce que Moi Je vous ai dit***» (**Jean 14:26**).

Ces moments peuvent se multiplier à l'infini. Le chrétien pourra alors mesurer l'amour du Seigneur à son égard via le Saint-Esprit. Car autant les parents enseignent leurs enfants, pour leur assurer une éducation solide, signe de leur amour parental, autant, voire plus, l'Esprit tient à ce que les chrétiens connaissent Dieu ainsi que Celui qu'Il a envoyé, Jésus-Christ.

Le chrétien se rendra compte, par lui-même, à quel point l'Esprit est tendre, loyal et fidèle en amour. Le toucher de l'Esprit est aussi doux que l'huile – onguent –, c'est pourquoi on L'assimile à l'onction. Ceux qui possèdent l'Esprit du Christ en savent quelque chose. Dieu aime à la perfection Ses enfants.

En fortifiant la communion, la conscience et l'instinct du chrétien, ce dernier saura reconnaître la voix de Son Maître entre mille. Jésus dit en effet :

> *«Lorsque le berger a fait sortir toutes les brebis qui lui appartiennent, il marche devant elles ; et les brebis le suivent,* **parce qu'elles connaissent sa voix. Elles ne suivront point un étranger ; mais elles fuiront loin de lui, parce qu'elles ne connaissent pas la voix des étrangers»** (**Jean 10:4-5**).

> *«Voici : Je (Christ) Me tiens à la porte et Je frappe. Si quelqu'un entend Ma voix et ouvre la porte, J'entrerai chez lui, Je souperai avec lui et lui avec Moi»* (**Apocalypse 3:20**).

Le souper est un moment où les âmes devisent calmement autour d'un repas, souvent le plus copieux de la journée car après, c'est une longue nuit de repos. On a donc le temps de discuter à tête reposée, les contraintes quotidiennes étant réduites au strict minimum. En ciblant ce moment de la journée qu'est le souper, le Seigneur indique le sérieux avec lequel Il entend discuter avec Ses brebis de toutes les questions pertinentes. Le Seigneur adore ces moments car Il peut alors recadrer et encourager selon le cas, pour l'édification des chrétiens à la gloire de Dieu le Père.

- En visitant les profondeurs de Dieu, on entend la voix de Dieu

Avant de m'aventurer dans les profondeurs de Dieu, j'avais toujours été, comme beaucoup de chrétiens, curieux de la façon dont Dieu parlait aux gens. Dieu possède effectivement plusieurs manières de parler à Ses enfants. La visitation des appartements intérieurs de Dieu est un autre moyen d'entendre Sa voix. Chaque fois que vous ferez face à une situation quelconque, le toucher de l'Esprit, suivant votre expérience des profondeurs de Dieu, sera le signe que Dieu vous a parlé. Plus vous vous exercerez à visiter les appartements intérieurs de Dieu, plus vous connaîtrez la volonté de Dieu sur différents sujets de l'existence. Des gens seront curieux de savoir comment Dieu vous parle. Dieu parle, c'est tout.

Devrions-nous vraiment nous demander comment Dieu parle ? Dieu est Sa propre Parole et Elle parle – *Au commencement était la Parole, et la Parole était avec Dieu, **et la Parole était Dieu** (Jean 1:1)*. N'est-ce pas l'essence même de la Parole que d'émettre ? La Parole bruit de la volonté de Dieu comme elle le fit au commencement de toutes choses, avant que les choses vinssent à l'existence, toutes choses. Inutile donc de s'en émouvoir. C'est une évidence. Dieu parle. La Parole émet. Il suffit d'être dans la bonne fréquence pour L'entendre. On est dans la bonne fréquence en visitant les profondeurs de Dieu par le Saint-Esprit. Amen !

Le Saint-Esprit : Qui est-Il vraiment ?

- Une promesse

Le prophète Joël, relayé par l'apôtre Pierre, annonça l'avènement du Saint-Esprit en ces termes :

> ***«Dans les derniers jours, dit Dieu, Je répandrai de Mon Esprit sur toute chair** ; vos fils et vos filles prophétiseront ; vos jeunes gens auront des visions, et vos vieillards auront des songes. Oui, sur Mes serviteurs et sur Mes servantes, dans ces jours-là, Je répandrai de Mon Esprit ; et ils prophétiseront. Je ferai des prodiges en haut dans le ciel et des signes en bas sur la terre, du sang, du feu et une vapeur de fumée ; le soleil se changera en ténèbres, et la lune en sang, avant que vienne le jour du Seigneur, ce jour grand et magnifique. Alors quiconque invoquera le nom du Seigneur sera sauvé»* (**Actes 2:16-21**).

Jésus confirma en disant :

> **«*Quand sera venu le Consolateur que Je vous enverrai de la part du Père, l'Esprit de vérité* qui *provient du Père, Il rendra témoignage de Moi*» (Jean 15:26).**

Le Saint-Esprit a donc bel et bien été promis longtemps avant la Pentecôte. Nous ne devons donc jamais nous méprendre sur le Saint-Esprit, même si personne ne L'a vu des yeux. Son avènement a été signalé par les prophètes de l'ancienne alliance et par Jésus-Christ. Le Saint-Esprit est donc une promesse ferme qui attendait de se réaliser. Cette promesse fut accomplie à la Pentecôte sur cent vingt personnes réunies, parmi lesquelles la mère et les frères de Jésus de Nazareth.

Le Saint-Esprit est une promesse de Dieu, depuis le temps des prophètes, lorsque les israélites éprouvèrent des difficultés à honorer les commandements de Moïse. L'homme ayant des difficultés à honorer les commandements écrits sur des tables de pierre, Dieu envisagea d'écrire ces commandements sur des tables de chair, dans le cœur même de l'homme, afin de S'assurer de sa fidélité éternelle. L'Esprit Saint est donc cette promesse. L'Eternel déclara par la bouche du prophète :

> «*Je vous donnerai un cœur nouveau et **Je mettrai en vous un esprit nouveau** ; J'ôterai de votre chair le cœur de pierre et Je vous donnerai un cœur de chair. **Je mettrai mon Esprit en vous** et Je ferai que vous suiviez Mes prescriptions, et que vous observiez et pratiquiez Mes ordonnances*» (**Ezéchiel 36:26-27**).

*«Or voici l'alliance que J'établirai avec la maison d'Israël, après ces jours-là, dit le Seigneur : Je mettrai Mes lois dans leur intelligence, **Je les inscrirai aussi dans leur cœur** ; Je serai leur Dieu, et ils seront Mon peuple. Personne n'enseignera plus son concitoyen, ni personne son frère, en disant : Connais le Seigneur ! En effet, tous Me connaîtront, depuis le plus petit jusqu'au plus grand d'entre eux»* **(Jérémie 31:33-34 / Hébreux 8:10-11).**

*«Après cela, **Je répandrai Mon Esprit sur toute chair** ; Vos fils et vos filles prophétiseront, vos anciens auront des songes, et vos jeunes gens des visions»* **(Joël 2:28 (3–1)).**

Il est important de signaler que le déversement du Saint-Esprit a été initié par le Seigneur Jésus-Christ, le Prophète promis lorsque Moïse se plaignait de la charge de travail bien trop lourde pour ses épaules, selon qu'il est écrit :

*«L'Éternel, ton Dieu, te suscitera du milieu de toi, d'entre tes frères, **un Prophète comme moi** : vous l'écouterez ! C'est là tout ce que tu as demandé à l'Éternel, ton Dieu, à Horeb, le jour du rassemblement, quand tu disais : Que je ne continue pas à entendre la voix de l'Éternel, mon Dieu, et que je ne voie plus ce grand feu, afin de ne pas mourir. L'Éternel me dit : Ce qu'ils ont dit est bien. Je leur susciterai du milieu de leurs frères **un Prophète comme toi**, Je mettrai Mes paroles dans*

sa bouche, et il leur dira tout ce que Je lui commanderai» (**Deutéronome 18:15-18**).

C'est ce prophète que la plupart des Juifs attendent encore aujourd'hui. Mais pour les chrétiens, Christ est déjà venu pour sauver ceux qu'Il agrée. Il reviendra une seconde fois pour juger le monde. Il en profitera pour Se rappeler au bon souvenir de Ses frères biologiques (**Zacharie 12:10**).

La solution que Dieu apporta à l'homme, irrémédiablement pécheur et disposé au mal dès sa jeunesse (**Genèse 8:21**), fut d'inscrire Ses commandements, non plus sur des tables de pierre – dont le papier est le lointain symbole –, mais dans le cœur même de l'homme.

- Une Loi

*«En effet, **la loi de l'Esprit de vie en Christ-Jésus** m'a libéré de la loi du péché et de la mort»* **Romains 8:2**.

Une loi est un dispositif quasi immuable tant qu'elle n'est pas abrogée. Elle s'appuie sur un consensus accepté par tous. Par le verset **Romains 8:2**, le Saint-Esprit est considéré comme une loi de vie. C'est-à-dire que ceux qui ont le Saint-Esprit sont déclarés vivants tandis que ceux qui ne Le possèdent pas sont déclarés morts. C'est pourquoi Jésus répondit à l'un de Ses disciples : *Laissez les morts* (spirituels) *enterrer leurs morts* (biologiques). Jésus parlait de ceux qui n'avaient point part à Son Evangile. Ceux qui n'ont pas part à l'Evangile du Christ ne possèdent ni le Fils (Christ), ni le Père. Ils sont spirituellement morts, c'est-à-dire que leur esprit humain n'abrite pas l'Esprit Saint.

- Une signature

> *«En Lui, vous aussi, après avoir entendu la parole de la vérité, l'Évangile de votre salut, en Lui, vous avez cru et vous avez été **scellés du Saint-Esprit** qui avait été promis»* **Ephésiens 1:13**.

La présence du Saint-Esprit dans le Chrétien est la **signature** de Dieu attestant que ce chrétien est fils de Dieu. Il est disciple de Jésus-Christ. Celui qui n'a pas le Saint-Esprit en lui n'est pas un chrétien, peu importe sa fidélité aux réunions de culte et aux activités de l'Eglise.

C'est pourquoi tout chrétien, conscient de cette vérité absolue, devrait s'assurer qu'il possède bien le Saint-Esprit au-dedans de lui. On L'obtient par la foi. Or selon l'Ecriture, la foi est non seulement l'assurance de ce qu'on espère, mais aussi la démonstration de ce qu'on ne voit pas (**Hébreux 11:1**). La foi saisit un objet invisible – en croyant qu'on a reçu l'objet (Saint-Esprit) demandé – avant que ledit objet ne devienne effectif. Le passage du monde invisible et virtuel au monde visible et saisissable récompense la foi du chrétien. La foi est donc un processus. Ainsi, même si au début, l'on n'a pas la preuve de la présence effective du Saint-Esprit en nous, petit à petit, les manifestations visibles et saisissables attesteront de Sa présence réelle.

- Une personne : Dieu

> *«L'Esprit dit à Philippe : Avance, et rejoins ce char»* **Actes 8:29**.

> *«Mais l'Esprit dit expressément que, dans les derniers temps, quelques-uns abandonneront la foi, pour s'attacher à des esprits séducteurs et à des doctrines de démons»* **1 Timothée 4:1**.

> *«Que celui qui a des oreilles écoute ce que l'Esprit dit aux Églises»* **Apocalypse 2:7**.

Le Saint-Esprit est une personne.

On ne saurait retirer au Saint-Esprit Sa personnification car Jésus-Christ Lui a confié une mission auprès de Ses élus : celle de leur rappeler ce qu'Il leur avait dit et de les conduire dans toute la vérité. Une telle mission ne peut être confiée à quelqu'un d'impersonnel. Jésus avait dit à Ses disciples qu'Il ne les laisserait pas orphelins, qu'Il prierait le Père de leur envoyer un Consolateur qui soit constamment avec eux. Ce Consolateur, le Saint-

Esprit, est tout à fait fondé pour parler au nom de Jésus-Christ. Jésus, une personne, ne peut être représenté par moins qu'une personne. Ce serait très rabaissant pour notre Seigneur glorieux.

Selon les versets ci-dessus, le Saint-Esprit est bien une personne, une personne qui parle aux hommes et aux femmes. Il convainc même le monde de péché, de justice et de jugement (**Jean 16:8**). Les expressions *"L'Esprit dit…"* attestent bien de la personnification du Saint-Esprit. Le Saint-Esprit n'est pas seulement une puissance, Il est aussi une personne. Il est Dieu.

Le Saint-Esprit est Dieu.

> *«Et si l'Esprit de Celui qui a ressuscité Jésus d'entre les morts habite en vous, Celui qui a ressuscité le Christ-Jésus d'entre les morts **donnera aussi la vie** à vos corps mortels par Son Esprit qui habite en vous»* (**Romains 8:11**).

Le Saint-Esprit donne la vie. Jamais il n'a été dit que l'homme ou l'ange donnait la vie. C'est Dieu seul qui la donne. Dans le verset **Romain 8:11** ci-dessus, il est dit que c'est par le Saint-Esprit que Dieu donne la vie au corps mortel du chrétien.

D'autre part, la présence du Saint-Esprit dans le chrétien fait passer ce dernier de la nature humaine à la nature divine – voir plus loin. C'est en recevant le Saint-Esprit – survenant comme une colombe – que Jésus put faire les miracles qu'Il accomplissait. Il affirmait : «*Mais, **si c'est par l'Esprit de Dieu,** que Moi, Je chasse les démons (...)*» (**Matthieu 12:28**).

Ce n'est pas par un ange ni par un esprit humain que Jésus pouvait accomplir Ses miracles et guérisons.

Le statut divin du Saint-Esprit se voit partout dans les saintes Ecritures. Le Saint-Esprit cite le Père et le Fils sans prendre des gangs du genre «Le Père ou l'Agneau M'envoie vous dire ceci ou cela...», comme c'était le cas des anges ou des prophètes. Les anges et les prophètes ont toujours précisé celui au nom de qui ils parlaient. Dieu et l'Agneau – Jésus-Christ – Se font régulièrement représenter par le Saint-Esprit. Le Saint-Esprit est toujours placé au même niveau que le Père et l'Agneau. Tout comme l'esprit naturel a la même nature que l'homme et le représente parfaitement, l'Esprit de Dieu a la même nature que Dieu Qu'Il représente parfaitement.

A la fin du livre de l'apocalypse, après avoir annoncé les actes que le Christ posera à Son retour, l'Ecriture conclut par ces mots :

«***L'Esprit*** *et l'épouse disent : Viens ! Que celui qui entend, dise : Viens ! Que celui qui a soif, vienne ; que celui qui veut, prenne de l'eau de la vie gratuitement !*» (**Apocalypse 22:17**).

Ici, Jésus-Christ Se fait représenter par l'Esprit au **verset 17** ci-dessus. En fait, dans l'Ancien et le Nouveau Testament, Dieu et l'Agneau ont régulièrement été paraphrasés par l'Esprit dans Leurs rapports aux hommes et femmes, montrant que l'Esprit Saint est Dieu.

- Un don

> *«Pierre leur dit : Repentez-vous, et que chacun de vous soit baptisé au nom de Jésus-Christ, pour le pardon de vos péchés ; et vous recevrez **le don du Saint-Esprit**»* **Actes 2:38**.

Un don est gratuit. Le Saint-Esprit est donc offert GRATUITEMENT à quiconque Le demande à Dieu. Jésus S'est écrié : «*Si donc, vous qui êtes mauvais, vous savez donner de bonnes choses à vos enfants, **à combien plus forte raison le Père céleste donnera-t-Il l'Esprit Saint à ceux qui Le Lui demandent**»* **(Luc 11:13)**.

Souvenons-nous de l'abjection et de la stupeur provoquées par Simon le magicien qui voulut acquérir à prix d'argent le pouvoir de transmettre le Saint-Esprit par imposition des mains. Pierre dit à ce magicien : *Que ton argent aille à la perdition avec toi, puisque tu as pensé acquérir le don de Dieu à prix d'argent* **(Actes 8:20)**.

Le Saint-Esprit est donc le don – gratuit – de Dieu qui ne Se monnaie pas.

- Une puissance

> «*Mais vous recevrez **une puissance, celle du Saint-Esprit** survenant sur vous, et vous serez Mes témoins à Jérusalem, dans toute la Judée, dans la Samarie et jusqu'aux extrémités de la terre*» **Actes 1:8**.

> «*Que le Dieu de l'espérance vous remplisse de toute joie et de toute paix dans la foi, pour que vous abondiez en espérance, par la **puissance du Saint-Esprit !***» **Romains 15:13**.

> «*Or, à Celui qui, par la **puissance** qui agit en nous, peut faire infiniment au-delà de tout ce que nous demandons ou pensons...*» **Ephésiens 3:20**.

Il faut de la puissance pour ressusciter un mort. Or c'est par la puissance du Saint-Esprit que Jésus fut ressuscité des morts. Il est en effet écrit :

> «*Et si l'Esprit de celui qui a ressuscité Jésus d'entre les morts habite en vous, celui qui a ressuscité le Christ-Jésus d'entre les morts **donnera aussi la vie à vos corps mortels par son Esprit** qui habite en vous*» (**Romains 8:11**).

On comprend par ce verset que le Saint-Esprit, présent dans le chrétien, donne la vie au corps – mortel – du chrétien. Car le don du Saint-Esprit n'a pas aboli l'acte condamnant à mort Adam et sa descendance dans le jardin d'Eden. Cependant, le don du Saint-Esprit donne au chrétien l'autorité et la puissance pour accomplir la volonté et la justice de Dieu. C'est la présence du Saint-Esprit en l'homme qui le fait passer de la nature humaine à la nature divine, conformément aux Ecritures – voir plus loin. C'est le Saint-Esprit qui est la puissance transformatrice.

- Un guerrier

> *«Prenez aussi le casque du salut, et **l'épée de l'Esprit**, qui est la parole de Dieu»* **Ephésiens 6:17**.

L'Esprit possède une épée qui est la Parole de Dieu, l'Ecriture. Ce sont les guerriers qui possèdent une arme. Le Saint-Esprit est donc un guerrier. Les Ecritures disent bien que la Parole de Dieu est une épée. Remarquons l'image que l'Ecriture donne de Jésus-Christ dans l'Apocalypse de Jean :

> *«Sa tête et Ses cheveux étaient blancs comme laine blanche, comme neige. Ses yeux étaient comme une flamme de feu, Ses pieds étaient comme du bronze qui semblait rougi au four, et Sa voix était comme la voix des grandes eaux. Il avait dans Sa main droite sept étoiles, **de Sa bouche sortait une épée aiguë à deux tranchants**, et Son visage était comme le soleil, lorsqu'il brille dans sa force»* (**Apocalypse 1:14-16**).

Aujourd'hui, Jésus a comme langue dans Sa bouche une *épée aiguë à deux tranchants*. Et comme Jésus est la Parole incarnée de Dieu (**Jean 1:1**), cela confirme que l'Ecriture est une épée au service du Saint-Esprit à Qui Jésus a confié la mission de Le représenter auprès des chrétiens.

- L'Envoyé de Dieu sur terre

> *«Mais le Consolateur, le Saint-Esprit **que le Père enverra en Mon nom**, c'est Lui qui vous enseignera toutes choses et vous rappellera tout ce que Moi Je vous ai dit»* **Jean 14:26**.

Tout comme le Père envoya Jésus-Christ, Jésus-Christ a aussi envoyé le Saint-Esprit. Le Saint-Esprit S'inscrit donc dans la continuité de l'œuvre commencée par Jésus-Christ sur la terre, laquelle dura trois ans.

Le Saint-Esprit est donc le Messie de Dieu sur la terre présentement, en ce temps-ci, en attendant le retour promis de Jésus-Christ.

- L'unique communion avec le Père, le Fils et les autres chrétiens

«Si quelqu'un n'a pas l'Esprit de Christ, il ne Lui appartient pas» **Romains 8:9**.

«Quiconque nie le Fils n'a pas non plus le Père ; celui qui confesse le Fils a aussi le Père» **1 Jean 2:23**.

*«Or, **notre communion est avec le Père et avec son Fils, Jésus-Christ**» 1 Jean 1:3*.

*«Mais si nous marchons dans la lumière, comme Dieu est lui-même dans la lumière, **nous sommes en communion les uns avec les autres**, et le sang de Jésus son Fils nous purifie de tout péché»* **1 Jean 1:7**.

Il existe plusieurs formes de communion dans le monde visible. Nous en citerons quelques-unes :

Par contact physique. C'est le mode de communion le plus connu des hommes. Par exemple : deux mains qui se serrent, l'étreinte entre deux personnes, une traction à plusieurs bras.

Par convergence de pensée. Deux personnes qui débattent et trouvent un terrain d'entente.

Par convergence de sentiments. Deux personnes qui s'aiment.

Par convergence d'esprit. Deux personnes qui partagent la même musique et la même culture.

Par d'autres convergences. Deux personnes habitant une même maison, un même quartier, une même commune, une même ville, un même pays, un même continent, etc.

Le monde est coutumier de toutes ces formes de communion. En revanche, seuls ceux qui possèdent l'Esprit du Christ font partie de Sa bergerie et peuvent communier avec Lui. Sans le Saint-Esprit, toute forme de communion est charnelle. Les différentes communions auxquelles le monde est habitué sont charnelles. Les chrétiens devraient éviter d'en faire grand cas dans la bergerie du Seigneur.

Attention, il n'est pas interdit à un chrétien d'être en communion avec le monde par les voies décrites ci-dessus. Le chrétien devrait cependant être instruit que seule la communion par l'Esprit a une valeur spirituelle. Ce qui est chair est chair. Ce qui est Esprit est Esprit. Le chrétien étant né d'eau et d'Esprit, il cultive désormais sa sanctification en marchant par l'Esprit de tout son cœur. Le chrétien ne peut pas communier avec le monde par l'Esprit.

Le chrétien vit dans le monde visible et matériel. Il est donc fortement tenté de marcher par la vue et l'apparence comme le monde. Et c'est là que réside la séduction. Le chrétien est séduit lorsqu'il accorde trop d'importance aux rassemblements physiques et aux paroles agréables de ceux qu'il voit. Les personnes physiques que nous voyons peuvent bien cacher un esprit retors et pervers. Etre à côté d'une personne perverse ne la rend pas sainte. De même l'Ecriture invite à se méfier des paroles agréables d'une personne perverse.

Dieu recommande donc une approche sainte, débarrassée des tendances de la chair qui sont celles du monde : si le chrétien marche dans la lumière comme Dieu est dans la lumière, alors il est en communion avec les autres chrétiens – par l'Esprit bien sûr. Le sang de Jésus-Christ le purifie alors de tout péché (**1 Jean 6-7**).

NAITRE PAR L'ESPRIT : L'AN UN DE LA VIE CHRETIENNE

Recevoir le Saint-Esprit

Si on vient au monde par l'opération du sang, par la volonté de la chair ou par la volonté de l'homme, en revanche l'on entre dans la bergerie du Christ – nouvelle naissance – par l'opération du Saint-Esprit. Quiconque reçoit le Saint-Esprit est définitivement fils de Dieu le Père et frère cadet du Christ.

De nombreux passages des saintes Ecritures précisent que quiconque n'a pas l'Esprit du Christ ne Lui appartient pas. Quiconque n'a pas l'Esprit du Christ n'a ni le Fils, ni le Père.

- Qui peut recevoir le don du Saint-Esprit ?

> *«Pierre leur dit : Repentez-vous, et que chacun de vous soit baptisé au nom de Jésus–Christ, pour le pardon de vos péchés ;* ***et vous recevrez le don du Saint-Esprit»*** **Actes 2:38.**

Toute personne qui, primo se repent de son ancienne vie en croyant que Jésus-Christ est le Fils de Dieu, l'Agneau expiatoire, et qui secundo se fait baptiser d'eau, peut recevoir le don du Saint-Esprit comme sceau de son appartenance à Christ.

• Comment reçoit-on le baptême/don du Saint-Esprit ?

*«Moi (Jean Baptiste), je vous baptise dans l'eau, en vue de la repentance, mais Celui qui vient après moi est plus puissant que moi, et je ne mérite pas de porter Ses sandales. **Lui vous baptisera d'Esprit Saint** et de feu»* **Matthieu 3:11**.

*«Lorsque le jour de la Pentecôte arriva, ils étaient tous ensemble dans le même lieu. Tout à coup, il vint du ciel un bruit comme celui d'un souffle violent qui remplit toute la maison où ils étaient assis. Des langues qui semblaient de feu et qui se séparaient les unes des autres leur apparurent ; elles se posèrent sur chacun d'eux. **Ils furent tous remplis d'Esprit Saint et se mirent à parler en d'autres langues, selon que l'Esprit leur donnait de s'exprimer»** **Actes 2:1-4**.

*«Pierre leur dit : Repentez-vous, et que chacun de vous soit baptisé au nom de Jésus-Christ, pour le pardon de vos péchés ; **et vous recevrez le don du Saint-Esprit»** **Actes 2:38**.

Remarque fondamentale : pour recevoir le baptême du Saint-Esprit, il est absolument nécessaire d'être déjà baptisé d'eau conformément aux saintes Ecritures. Toutefois, il est parfois arrivé de recevoir le baptême du Saint-Esprit avant le baptême d'eau. Cas de Corneille et de sa famille **(Actes 10:44-48)**.

Le premier dénominateur commun à tous les passages ci-dessus est que si les chrétiens baptisent d'eau, le Christ seul baptise du Saint-Esprit. Le second dénominateur commun est que si l'eau, le baptiseur et le chrétien sont présents au baptême d'eau, aucune présence particulière n'est exigée au baptême du Saint-Esprit. La troisième remarque est que lors du baptême du Saint-Esprit, des manifestations extraordinaires peuvent se produire sans que l'on puisse imposer l'une d'elles en particulier, comme devant être systématiquement présente pour attester de la réalité du baptême du Saint-Esprit (*selon que l'Esprit leur donnait de s'exprimer*). Dans le cas de la Pentecôte, les disciples reçurent plusieurs types de langues, pas une langue particulière.

«Alors Pierre et Jean leur imposèrent les mains, et ils reçurent l'Esprit Saint» **(Actes 8:17)**.

«Paul leur imposa les mains, et le Saint–Esprit vint sur eux ; ils se mirent à parler en langues et à prophétiser» **(Actes 19:6)**.

Ces deux derniers passages des Ecritures attestent que le Saint-Esprit peut être reçu par l'imposition des mains des apôtres – ce qui n'était pas le cas à la Pentecôte. Lors de l'expérience, certains peuvent parler en langues ou prophétiser ou manifester autre chose selon qu'il est écrit :

> *«Et Dieu a établi dans l'Église premièrement des apôtres, deuxièmement des prophètes, troisièmement des docteurs ; ensuite il y a le don des miracles, puis les dons de guérir, de secourir, de gouverner, de parler diverses sortes de langues.* **Tous sont-ils apôtres ? Tous sont-ils prophètes ? Tous sont-ils docteurs ? Tous font-ils des miracles ? Tous ont-ils des dons de guérisons ? Tous parlent-ils en langues ? Tous interprètent-ils ?»** (1 Corinthiens 12:28-30).

Celui qui a reçu le Saint-Esprit sait qu'il L'a bien reçu en raison de la manifestation extraordinaire qui a accompagné l'expérience. Le Seigneur S'oppose à ce que Ses chrétiens se divisent sur les dons particuliers qu'ils doivent OBLIGATOIREMENT recevoir au baptême du Saint-Esprit. Au terme des questions du **verset 1 Corinthiens 12:30** ci-dessus, on comprend que tout chrétien baptisé du Saint-Esprit peut être (i) apôtre sans être prophète (ii) prophète sans être docteur (iii) docteur sans faire des miracles (iv) faiseur de miracles sans guérir (v) guérisseur sans parler en langues (vi) parleur en langues sans les interpréter (vii) interpréteur de langues sans gouverner (viii) gouverneur sans être secouriste. Quiconque soutient le contraire, en insistant sur les signes spécifiques devant OBLIGATOIREMENT être présents, s'abandonne à des visions et est enflé d'orgueil. Il n'a pas à répandre des informations sous prétexte que de grands serviteurs de Dieu les soutiennent. Dieu ne fait de considération de personne ni ne contredit ce qu'Il dit explicitement dans Sa sainte Parole.

- Le baptême du Saint-Esprit ne dispense pas du baptême d'eau

> *«Comme Pierre prononçait encore ces mots, le Saint–Esprit descendit sur tous ceux qui écoutaient la parole. Tous les croyants circoncis qui étaient venus avec Pierre furent étonnés de ce que le don du Saint–Esprit soit aussi répandu sur les païens. Car ils les entendaient parler en langues et exalter Dieu. Alors Pierre reprit :* **Peut-on refuser l'eau du baptême à ceux qui ont reçu le Saint–Esprit aussi bien que nous ?** *Il ordonna de les baptiser au nom de Jésus–Christ»* **Actes 10:44-48**.

Ce passage des saintes Ecritures est fondamental car c'était la première fois que des païens – autres que les descendants biologiques d'Abraham, d'Isaac et de Jacob – recevaient le don du Saint-Esprit, sans avoir été préalablement baptisés d'eau comme c'était l'usage. Fallait-il les dispenser du baptême d'eau parce qu'ils avaient reçu le Saint-Esprit ? La réponse de l'apôtre Pierre répond à la question : Nul n'est exempt du baptême d'eau après avoir été baptisé du Saint-Esprit.

Ainsi donc, quiconque a été baptisé du Saint-Esprit, avant le baptême d'eau, doit se faire baptiser d'eau.

- ## Que le chrétien s'assure que le Saint-Esprit demeure en lui

«Si quelqu'un n'a pas l'Esprit de Christ, il ne Lui appartient pas» **Romains 8:9**.

Ne nous y trompons pas, celui qui n'a pas le Saint-Esprit, l'Esprit du Christ, ne Lui appartient pas. La bonne nouvelle, pour tout chrétien, est que le Saint-Esprit a été gratuitement promis à ceux qui Le demanderont : *«Dieu donne l'Esprit sans mesure»* (**Jean 3:34**). Le chrétien doit donc s'assurer qu'il possède bien le Saint-Esprit en lui. L'activité du Saint-Esprit chez le chrétien est réelle et détectable par ses soins. Le chrétien ne doit pas avoir de doute sur la présence et l'activité du Saint-Esprit en lui. En cas de doute, il doit demander une confirmation au Seigneur, mais discrètement – comme expliqué plus loin. Le Seigneur ne sera pas offensé par sa requête.

La réalité est qu'il existe des gens qui, se disant chrétiens, n'ont pas le Saint-Esprit en eux (**Actes 19:2-6**). Il est difficile d'identifier de tels chrétiens car l'Ecriture précise que Jésus-Christ connaît ceux qui Lui appartiennent (**2 Timothée 2:19**). Tout autre enseignement est inapproprié. Le Seigneur n'a confié à personne le soin de faire la police pour savoir qui possédait le Saint-Esprit et qui ne Le possédait pas. Si une telle police venait à être mise en place, cette dérive mènerait l'Eglise à la confusion. Le diable pourrait s'en servir pour détruire de nombreux chrétiens véritables, en les faisant passer pour des païens alors qu'ils sont saints. Si les pharisiens ont dit de Jésus qu'Il servait le diable (**Matthieu 12:24**), à plus forte raison les partisans du diable, déguisés en anges de lumières dans les églises, ne le diront-ils pas des vrais chrétiens pour semer le trouble ? Selon **Actes 19:2-6** ci-dessus, l'apôtre Paul agit avec précaution en demandant à ses auditeurs s'ils *avaient reçu le Saint-Esprit lorsqu'Ils* *avaient cru.* Jamais il n'a délibérément déclaré que ces personnes n'avaient pas le Saint-Esprit. C'est après une véritable investigation, aidé par les mêmes personnes, qu'il en vînt à la conclusion qu'ils n'avaient pas reçu le Saint-Esprit. Il résolut le problème immédiatement.

Précision. Lorsque l'apôtre Jean demande *d'éprouver les esprits pour savoir s'ils sont de Dieu* (**1 Jean 4:1**), il invite à se méfier de ceux qui tiennent des propos non fondés ou erronés, tout en prétendant être chrétiens, dans le seul but de flouer les brebis du Seigneur. Des loups déguisés en brebis ont plusieurs fois pillé la bergerie du Seigneur dans l'histoire de l'Eglise, du premier siècle à nos jours. Une certaine vigilance aurait pu permettre d'éviter quantité de ces drames. Par exemple, au moment de l'avertissement de Jean, certains soutenaient que le Christ n'était jamais venu en chair. C'est pourquoi, à la suite du verset appelant à la vigilance, l'apôtre Jean déclare :

> *«Reconnaissez à ceci l'Esprit de Dieu : Tout esprit qui confesse **Jésus-Christ venu en chair** est de Dieu ; et tout esprit qui ne confesse pas Jésus (venu en chair), n'est pas de Dieu, c'est celui de l'antéchrist, dont vous avez appris qu'il vient, et qui maintenant est déjà dans le monde »* (**1 Jean 4:2-3**).

Par cet avertissement, l'apôtre Jean empêchait les adeptes de cette fausse doctrine de la répandre dans l'Eglise. On peut dire que l'avertissement de l'apôtre a porté ses fruits car très peu de gens professent cette hérésie aujourd'hui.

Encore une fois, il est de l'intérêt du chrétien de s'assurer qu'il possède bien le Saint-Esprit, l'Esprit de vérité, l'Esprit du Christ au-dedans de lui. Avoir le Saint-Esprit en soi est le début d'une vie chrétienne prospère. Faute de quoi, cette personne s'abuse elle-même. Qu'elle ne se dise pas que sa participation aux activités de l'Eglise lui attribuera l'épithète de chrétien devant le Seigneur. On est chrétien devant le Seigneur et non devant les hommes et les femmes. On ne flatte pas le Seigneur. On ne L'achète pas avec les activités – sacrifices. Si un chrétien, dans le doute, pose la question au Seigneur, le Seigneur l'éclairera car Il aime la vérité. Sans le Saint-Esprit, aucun homme n'a d'héritage dans le royaume des cieux. Toute entreprise de vérification de la présence du Saint-Esprit en soi doit être DISCRETE. Nous insistons sur la DISCRETION. Le chrétien ne doit dévoiler son doute à personne, ni aux autres chrétiens de l'Eglise, ni même aux pasteurs car il ne sait pas qui est réellement qui. Qu'il porte cette question discrètement devant le Seigneur, et Dieu qui voit dans le secret l'éclairera. Le chrétien n'aura aucun doute sur la réponse du Seigneur. Le Seigneur y veillera. Une vérification rapide consiste à prier le Seigneur de nous révéler comment Lui nous voit. Il donnera une image de nous-mêmes telle que Lui la voit. J'ai connu des chrétiens qui sont passés par ce processus. Croyez-moi, les résultats furent édifiants sur les uns et les autres. Surtout, il ne faut pas paniquer si la réponse semble négative. Il n'est pas interdit que des doutes fassent irruption dans la vie d'un chrétien. Le prophète Jean-Baptiste eut des doutes. Même si son exemple n'est pas flatteur, cela indique qu'à un moment donné, le doute peut apparaître. L'apôtre Paul aussi eut des doutes (**2 Corinthiens 1:8-9**). Pas de panique, le Seigneur répondra. Il répondit à Jean-Baptiste. Il rassura Paul (**v9**). Il répondra aussi à celui qui a des doutes. Il vaut mieux partir du bon pied, car on ne le regrettera pas. Si jamais le chrétien se rend compte qu'il n'a pas le Saint-Esprit, premièrement qu'il loue le Seigneur de lui avoir révélé son véritable état spirituel. Qu'il se repente devant le Seigneur – voire publiquement si le péché dans lequel il est empêtré mérite une repentance devant les hommes. Qu'il demande le Saint-Esprit sincèrement à Dieu qui exaucera sa requête. Le Seigneur sait en ce moment qu'il a affaire à un pécheur définitivement repenti. Qu'il demande sans douter car le Christ désire sincèrement donner Son Esprit aux hommes et femmes qu'Il est venu sauver. Le Seigneur ne transigera jamais sur cette question. Il donnera Son Esprit à quiconque Le Lui demande sincèrement – *à combien plus forte raison le Père céleste **donnera-t-Il l'Esprit Saint à ceux qui Le Lui demandent*** (**Luc 11:13**). Le but de cet avertissement n'est pas d'effrayer, mais d'édifier pour le bien du chrétien.

- A quoi servent les dons du Saint-Esprit reçus par les chrétiens ?

*«Or, à chacun la manifestation de l'Esprit est donnée **pour l'utilité commune**. En effet, à l'un est donnée par l'Esprit une parole de sagesse ; à un autre, une parole de connaissance, selon le même Esprit ; à un autre, la foi, par le même Esprit ; à un autre, des dons de guérisons, par le même Esprit ; à un autre, le don d'opérer des miracles ; à un autre, la prophétie ; à un autre, le discernement des esprits ; à un autre, diverses sortes de langues ; à un autre, l'interprétation des langues. Un seul et même Esprit opère toutes ces choses, **les distribuant à chacun en particulier comme Il veut**»* **1 Corinthiens 12:7-11.**

1 Corinthiens 12 est manifestement le passage Biblique le plus explicite sur la diversification et la portée des dons de l'Esprit que reçoivent les chrétiens : ils visent **l'utilité commune**. Ils sont distribués chez les chrétiens, **à chacun en particulier comme le Saint-Esprit, Lui,**

le veut, et seulement Lui ; sans suivre une seule orientation, mais plusieurs (prophétie, apostolat, évangélisation, langues, interprétation des langues, guérisons, miracles, etc.). Il semble indiqué que, pour que les membres aient soin les uns des autres, les dons distribués devraient être différents d'un chrétien à l'autre. Ainsi, le chrétien prophétisant bénéficiera du don de guérison du chrétien soignant.

La dépendance des chrétiens les uns des autres est un facteur de diversification des dons dans l'Eglise, afin qu'une seule brebis ne s'élève pas au-dessus des autres, qu'elle estime les autres au-dessus d'elle selon qu'il est écrit : *celui qui s'élèvera, sera rabaissé et celui qui se rabaissera, sera élevé.*

Les dons ne servent ni à s'imposer dans l'église ni à monnayer des services. Ils servent à l'édification commune dans l'humilité.

Le temple du Saint-Esprit supérieur au temple de Moïse

*«Ne savez-vous pas ceci : **votre corps est le temple du Saint-Esprit** qui est en vous et que vous avez reçu de Dieu, et vous n'êtes pas à vous-mêmes ?»* **1 Corinthiens 6:19**.

> *«Ceux-ci (sacrificateurs lévitiques) célèbrent un culte qui est une image et une ombre des réalités célestes, ainsi que Moïse en fut divinement averti, **quand il allait construire le tabernacle** : Regarde, lui dit Dieu, tu feras tout d'après le modèle qui t'a été montré sur la montagne»* **Hébreux 8:5**.

Comme indiqué au verset **Hébreux 8:5** ci-dessus, Moïse fut chargé par l'Eternel Dieu de construire un temple suivant le modèle qui lui avait été présenté dans une vision. Le temple ainsi construit fut inauguré par le sang des animaux car tout testament démarre par le sang. Il faut en effet que la mort du testateur soit confirmée pour qu'un testament entre en vigueur.

De nombreux passages de l'Ancien Testament évoquent l'épopée du temple de Moïse au fil des siècles et des générations. Deux éléments retiendront notre attention : le prestige du temple de Moïse et son rapport au temple du Nouveau Testament inauguré par le sang de l'Agneau – Jésus-Christ.

- ## Le temple de Moïse fut redouté de tous

L'Ecriture atteste en effet que le temple de Moïse, notamment l'arche de l'alliance qui s'y trouvait, était particulièrement redouté. Selon la loi de Moïse, pendant les guerres, les troupes d'Israël devaient aller en campagne avec l'arche de l'alliance transportée par les sacrificateurs lévitiques. Cette arche était supposée leur assurer la victoire contre leurs ennemis. Aussi les ennemis d'Israël étaient tétanisés à la vue de cette arche.

Même les israélites ne pouvaient pas s'approcher de l'arche sans précaution, de peur de subir de nombreuses pertes en vies humaines. Moïse mit ainsi les israélites en garde contre la disparition des Qehathites, cette famille lévitique chargée de la logistique autour de l'arche, de peur de les voir disparaître du milieu d'Israël (**Nombres 4:15 ; 17-20**).

En temps de paix, l'arche résidait dans le lieu très saint situé à l'ouest du tabernacle. Selon la loi de Moïse, seul le souverain sacrificateur avait le droit d'y entrer, une fois par an, à la cérémonie d'expiation collective.

On se souvient qu'un serviteur du roi David mourut en voulant empêcher l'arche de tomber. Ce serviteur n'appartenait pas à la tribu de Lévi – Qehath – seule chargée de la logistique dans le lieu très saint. D'où la sanction divine.

Le temple de Moïse faisait donc très peur aux israélites eux-mêmes ainsi qu'aux peuples alentour.

- Le temple de Moïse n'était cependant qu'un culte des anges

C'est une vérité extrêmement précieuse révélée à l'apôtre Paul. Que dit Paul à propos de la Loi de Moïse et de l'Evangile de Jésus-Christ ?

> *«**Cette Loi** (Moïse) a été promulguée **par l'intermédiaire d'anges** et par le moyen d'un médiateur, Moïse. Or s'il y a eu un médiateur (Moïse), c'est qu'il y avait plus d'une partie en cause. Mais pour la **promesse** (Evangile), **Dieu seul est en cause**»* (**Galates 3:19-20/ Bible Semeur**).

De manière claire et sans équivoque, l'apôtre Paul nous apprend que malgré la terreur qu'inspiraient le temple de Moïse et son arche, tout cela n'était qu'un culte des anges. Ce sont les anges qui apparaissaient à Moïse au-dessus de l'arche (*plus d'une partie en cause*). Ce sont les anges qui étaient une colonne de feu la nuit et une colonne de fumée le jour pendant les quarante années de traversée du désert du peuple israélite.

Jamais donc Dieu n'est apparu en personne dans le temple de Moïse. On pouvait bien s'en douter car Dieu affirma au roi Salomon, lors de la construction du temple de Moïse en matériaux définitifs, qu'aucun bâtiment plafonné ne pouvait Le contenir, Lui, Dieu.

S'agissant de ce culte des anges, l'apôtre Paul renchérit en ces termes :

> *«Il y a là une allégorie ; car ces femmes sont les deux alliances. L'une, celle du Mont Sinaï, enfante pour l'esclavage : c'est Agar – **Agar, c'est le Mont Sinaï en Arabie** – et elle correspond à la Jérusalem actuelle, car elle est dans l'esclavage avec ses enfants. **Mais la Jérusalem d'en haut est libre, c'est elle qui est notre mère.** (…) Ainsi, frères, nous ne sommes pas enfants de l'esclave, mais de la femme libre (Sara)»* (**Galates 4:24-26;31**).

Par ces mots l'apôtre explique que les lois du Mont Sinaï avaient pour but de maintenir les israélites dans l'esclavage afin qu'ils ne parviennent pas à la justice de Dieu sans les chrétiens. C'est-à-dire que la loi et le sacerdoce lévitique avaient uniquement pour but de maintenir les israélites dans la désobéissance, en attendant la révélation de Jésus-Christ, l'héritier de la promesse d'Abraham, dont le sacrifice donne à tous, Juifs et non-Juifs, de parvenir à la justice de Dieu par la foi.

L'Evangile a été transmis, non par des anges – cas des lois de Moïse –, mais par Jésus-Christ directement aux hommes. Etant le Seigneur Dieu, Jésus-Christ n'avait pas besoin d'un médiateur car Il était visible et audible des humains. Il n'avait pas besoin d'anges pour parler aux hommes. On dit aussi que le Seigneur Jésus est Son propre médiateur. Les anges de l'Eternel avaient besoin d'un médiateur, en la personne de Moïse, car ils étaient nombreux et d'apparence extraordinaire. On se souvient que leur apparition au Mont Sinaï fut si effrayante que les israélites prièrent Moïse d'aller recevoir, en leur nom, les commandements de Dieu (**Deutéronome 18:16**). En outre, ce ne sont pas les mêmes anges qui intervenaient d'une occasion à l'autre dans l'ancienne alliance.

C'est donc là le point crucial du présent chapitre : Le temple de Moïse abritait en fait des anges au service de Dieu. Bien qu'on les appelât 'Anges de l'Eternel', ce n'étaient que des anges. Peu importe son apparence extraordinaire, un ange n'est qu'un ange, jamais Dieu. Or Jésus est supérieur aux anges selon l'Ecriture : «***Jésus-Christ a ainsi acquis un rang bien plus éminent que celui des anges***, *dans la mesure où le titre que Dieu lui a donné **est incomparablement supérieur au leur**»* (**Hébreux 1:4/ Bible Semeur**).

Dieu n'avait donc jamais habité, en personne, dans un temple en pierres construit des mains d'homme, comme Il habite aujourd'hui en Esprit dans le chrétien, faisant de ce dernier, le temple du Saint-Esprit.

- **Le temple du Saint-Esprit supérieur au temple de Moïse**

> *«Or voici le point capital de ce que nous disons : nous avons un Souverain Sacrificateur (Jésus-Christ) qui S'est assis à la droite du Trône de la Majesté Divine dans les cieux ; Il est Ministre du sanctuaire et du véritable tabernacle, dressé par le Seigneur et non par un homme»* **Hébreux 8:1-2**.

Contrairement au temple de Moïse, le temple du Saint-Esprit – chrétien – n'est pas d'origine humaine car le chrétien est désormais né de Dieu. Même si l'esprit humain se transmet biologiquement, le Saint-Esprit, logé dans l'esprit humain, ne Se transmet pas biologiquement. Le Saint-Esprit fait Sa demeure dans l'esprit humain, lequel est le cœur spirituel (souffle de Dieu) de l'homme à sa création. Comme le Saint-Esprit est transmis à l'homme par Dieu, et non par ses parents biologiques, le chrétien n'est plus considéré comme une création humaine. Le chrétien fait désormais partie du royaume des cieux ou Nouvelle Création de Dieu (**Colossiens 1:15**). En tant que temple du Saint-Esprit, le chrétien est considéré comme n'étant pas une œuvre bâtie par l'homme comme l'était le temple de Moïse.

En Se logeant dans l'esprit humain du chrétien régénéré, le Saint-Esprit fait de ce dernier un temple supérieur à celui de Moïse, ne serait ce qu'en sainteté. Pas moins. En effet, un lieu habité par Dieu est supérieur – plus saint – à celui habité par un ange, fut-il l'ange de l'Eternel. Le Saint-Esprit, Dieu, habitant désormais dans le chrétien, celui-ci est manifestement plus important que le temple de Moïse où n'apparaissaient que les anges. Surprenant mais vrai.

Le chrétien doit donc prendre conscience de sa sainteté liée à la présence du Saint-Esprit en lui. Si le temple de Moïse, construit des mains d'homme, objet d'un culte des anges, a été glorieux au point de susciter la terreur chez les voisins d'Israël, combien plus le chrétien devrait faire attention à la présence du Saint-Esprit en lui ? Il devrait adopter une hygiène de vie corporelle et spirituelle irréprochable, cesser de murmurer. L'apôtre Paul rappelait ce qu'il advint des israélites qui irritaient Dieu dans le désert. Ils périrent selon qu'il est écrit :

> *«Ne nous livrons pas à l'inconduite, comme certains d'entre eux s'y livrèrent, de sorte qu'il en tomba 23 000 en un seul jour. Ne tentons pas le Seigneur comme Le tentèrent certains d'entre eux, qui périrent par les serpents»* (**1 Corinthiens 10:8-9**).

Etant donné la colère de Dieu envers ceux qui violaient un culte des anges, qu'en sera-t-il de ceux qui violent le culte du Saint-Esprit incarné par Sa présence chez le chrétien ? Parlant des sanctions ci-dessus, l'apôtre Paul affirmait :

> *«Cela leur est arrivé à titre d'exemple et fut écrit **pour nous avertir**, nous pour qui la fin des siècles est arrivée»* (**1 Corinthiens 10:11**).

> *«Les Israélites qui ont refusé d'écouter celui (ange de l'Eternel via Moïse) qui les avertissait sur la terre, n'ont pas échappé au châtiment. A combien plus forte raison en sera-t-il de même pour nous, si nous nous détournons de Celui qui nous parle du haut des cieux (via l'Esprit)»* (**Hébreux 12:25/ Bible Semeur**).

L'apôtre met en garde contre les sanctions plus terrifiantes envers ceux qui auront rejeté Dieu et Son sacerdoce parfait, sachant que ceux qui refusaient d'écouter Moïse et son sacerdoce symbolique subissaient déjà des sanctions sévères.

Prenons donc au sérieux la sanctification comme recommandait l'apôtre Paul. Veillons sur ce temple du Saint-Esprit que nous sommes avec crainte et tremblement. Car selon l'Ecriture, le ministère de l'Esprit est plus glorieux que le ministère de la lettre gravée sur les tables du Mont Sinaï, au cœur du sacerdoce lévitique :

> *«Si le ministère de la mort, **gravé avec des lettres sur des pierres, a été glorieux, (…) combien plus le ministère de l'Esprit ne sera-t-il pas glorieux !**»* (**2 Corinthiens 3:7-8**).

Le temple du Saint-Esprit – chrétien – est donc plus glorieux que le temple de Moïse. Le chrétien devrait donc veiller sur sa sanctification sans laquelle il ne verra pas le Seigneur Dieu. Autant l'arche de l'alliance – élément du temple de Moïse – assurait aux troupes d'Israël la victoire sur leurs ennemis, pour peu que les israélites obéissent aux commandements de Dieu, autant le chrétien, temple du Saint-Esprit, aura la victoire sur ses ennemis pour peu qu'il prenne sa sanctification au sérieux.

- **La forme réelle du temple de Dieu au ciel**

L'apôtre Jean fit une découverte surprenante en explorant le temple de Dieu dans la Jérusalem céleste, la ville sainte parée pour les noces de l'Agneau. Il déclara :

> *«Je ne vis aucun temple dans la ville : son temple, c'est le Seigneur, le Dieu Tout-Puissant, ainsi que l'Agneau»* (**Apocalypse 21:22/ Bible Semeur**).

Surprenant ! Dieu est le temple de la Jérusalem céleste ainsi que l'Agneau. Cela confirme ce que Jésus déclara à Ses auditeurs : *Détruisez ce temple et Je le reconstruirai en trois jours*. Il parlait bien sûr du temple de Son corps comme le précisent les Ecritures (**Jean 2:19-21**).

En déclarant *«Je ne vis aucun temple dans la ville»*, l'apôtre Jean reconnaît qu'il ne s'y trouvait aucune figure ni forme géométrique ni objet ayant un rapport quelconque avec le temple de Dieu. Il ne s'y trouvait donc ni chandelier ni autel des parfums ni cuve de bronze pour les ablutions, ni autel de sacrifices ni grille pour récupérer les brasiers. Le temple véritable de Dieu n'a donc rien à voir avec une construction en pierres ou un édifice géométrique dans un lieu donné qu'on appellerait 'lieu saint'. En particulier, le temple de Dieu ne peut avoir de toiture car c'est accepter que la toiture soit supérieure à Dieu. Comme le temple de Moïse avait une toiture, on comprend aisément que Dieu Lui-même n'y était jamais apparu. Ce sont les anges de l'Eternel qui apparaissaient à Moïse comme l'affirme l'Ecriture, d'où l'importance de Moïse comme médiateur entre ces anges et les israélites (**Galates 3:19-20**). Bien avant Moïse, personne n'avait célébré Dieu dans un lieu couvert. Les temples étaient toujours à ciel ouvert. Les vestiges des civilisations anciennes présentent toujours des temples à ciel ouvert, clôturés parfois, mais toujours à ciel ouvert.

La réalité est que le temple de Dieu n'est autre que la présence de Dieu. Que Dieu apparaisse pour peu de temps ou longtemps, le temple de Dieu est et demeure Sa présence. Là où Dieu Se trouve, là est Son temple. Le temple de la Jérusalem céleste, c'est Dieu ainsi que l'Agneau parce que Dieu y habite avec l'Agneau. La version Bible Parole de Vie est très explicite sur la question : «*Je n'y découvris aucun temple : **la présence du Seigneur**, du Dieu tout-puissant et de l'Agneau, **voilà son Temple***» (**Apocalypse 21:22/ Bible Parole de Vie**). Dieu étant présent dans le chrétien par Son Esprit Saint, quiconque a affaire au chrétien a affaire au temple véritable de Dieu. Est-ce à dire qu'il faut avoir une posture révérencielle devant le chrétien ? Les postures révérencielles ont toujours été utilisées par l'homme dans les places saintes ou devant les autorités supérieures. C'est de l'idolâtrie. Et les païens en sont friands car ils ne connaissent pas Dieu. Il n'y a pas lieu d'adopter une posture révérencielle devant un chrétien. Il est dommage que de nombreux chrétiens soient ignorants de cette vérité. Toutefois, s'agenouiller pour prier Dieu est une posture agréable et recommandée. On ne peut s'agenouiller devant un chrétien pour prier car la prière est adressée à Dieu et non au chrétien.

Le temple véritable de Dieu n'a donc pas de forme géométrique quelconque. Le temple de Dieu est la présence de Dieu. Illustrer le temple de Dieu, c'est illustrer la présence de Dieu. Dieu a laissé les humains le faire quand il leur était difficile de saisir cette vérité fondamentale. La vérité est et demeure que le temple de Dieu, c'est Sa présence.

C'est donc de l'entêtement que d'attendre que le temple de Moïse soit reconstruit. Ceux qui disent que ce temple sera reconstruit sont dans l'erreur car le véritable sacerdoce est celui de Jésus-Christ, Lequel a été fait par Dieu Souverain Sacrificateur pour l'éternité selon l'ordre de Melchisédech. Jésus a en effet inauguré, par Son propre sang, un temple parfait non construit par les mains d'hommes. Dieu ne peut plus accepter un temple de pierres alors que le temple parfait, inauguré par le sang de l'Agneau, existe déjà.

Le temple construit par Moïse était un symbole dans l'attente de Celui qui bâtirait un temple parfait ayant de meilleures dispositions. Le temple de Moïse était en pierres, inauguré par le sang des animaux, et dirigé par des souverains sacrificateurs mortels – pécheurs. Mais le temple de Dieu au ciel, c'est Dieu Lui-même ainsi que l'Agneau. Il a été inauguré par le sang de Jésus de Nazareth, un sang qui parle mieux que celui des animaux et d'Abel le juste. Ce temple est dirigé par un Souverain Sacrificateur parfait, Jésus-Christ, immaculé, sans tache, immortel.

Mort biologique, mort de l'esprit, mort de l'enfer

> «*L'Éternel Dieu donna ce commandement à l'homme : Tu pourras manger de tous les arbres du jardin ; mais tu ne mangeras pas de l'arbre de la connaissance du bien et du mal, car le jour où tu en mangeras, **tu mourras***» **Genèse 2:16-17**.

> «*La durée totale de la vie d'Adam fut de 930 ans ; **puis il mourut***» **Genèse 5:5**.

> «*Mais Jésus lui répondit : Suis-Moi et **laisse les morts ensevelir leurs morts***» **Matthieu 8:22**.

> «*Puis la mort et le séjour des morts furent précipités dans l'étang de feu. **Cet étang de feu, c'est la seconde mort***» **Apocalypse 20:14 (Bible Semeur)**.

Précision importante : l'Esprit en majuscule ne peut mourir, car l'Esprit de Dieu, le Saint-Esprit, est Dieu. Mais l'esprit en minuscule peut mourir, car l'esprit n'est pas Dieu ; c'est une créature, contrairement au Saint-Esprit.

Il ne fait pas de doute que la mort n'a pas la même signification lorsqu'on parcourt les Ecritures. Il y a mort et mort dira-t-on. Les trois passages ci-dessus l'attestent. Lorsque l'Ecriture affirme qu'Adam mourut âgé de 930 ans (**Genèse 5:5**), il s'agit de la mort biologique de l'ancêtre des humains : un état d'inertie totale où il n'y a ni activité, ni lumière, ni variation.

Lorsque Jésus demande de *laisser les morts ensevelir leurs morts*, on comprend bien que l'on a affaire à deux types de 'mort'. Le mort à ensevelir est biologiquement mort – cadavre. Qu'en est-il donc du 'mort' qui ensevelit le cadavre ? Comment un mort peut-il ensevelir un autre mort ? Ne sommes-nous pas habitués à voir les vivants enterrer les morts ? Cependant le verset **Matthieu 8:22** affirme que le mort peut aussi ensevelir un mort, et l'Ecriture ne saurait mentir. D'où la question évidente : Qui est le mort qui ensevelit le biologiquement mort ? Celui qui ensevelit n'est pas biologiquement mort, car la mort biologique est un état d'inertie totale, sans activité. Il s'agit forcément d'une autre forme de mort que nous découvrirons plus loin.

Enfin, l'Ecriture déclare que l'étang de feu, l'enfer, est la seconde mort (**Apocalypse 20:14**), une mort définitive à laquelle échapperont ceux qui auront accepté Christ comme leur Sauveur et Seigneur. L'Ecriture affirme en effet : «*Heureux et saints ceux qui ont part à la première résurrection ! **La seconde mort (enfer) n'a pas de pouvoir sur eux**, mais ils seront sacrificateurs de Dieu et du Christ, et ils règneront avec Lui pendant les mille ans*» (**Apocalypse 20:6**).

- ## La mort biologique ou physique

Nous ne nous attarderons pas sur ce chapitre car il s'agit de la mort la plus connue de nous tous. Lorsque nous perdons nos proches, on dit qu'ils sont biologiquement morts. Même Jésus mourut biologiquement sur la croix où Il fut pendu. Son cadavre fut enseveli. La mort biologique ou physique mène à l'ensevelissement et à la poussière.

Notons que la mort biologique demeure une sanction prononcée par Dieu sur la descendance d'Adam, l'espèce humaine. Les hommes et les femmes meurent tous en Adam. C'est-à-dire que la mort biologique n'est que la conséquence lointaine de la peine capitale prononcée par Dieu sur nos deux premiers ancêtres. En effet, après la désobéissance d'Adam dans l'affaire de l'arbre de la connaissance du bien et du mal qu'il avait interdiction de consommer, Dieu lui dit : *«C'est à la sueur de ton visage que tu mangeras du pain, jusqu'à ce que tu retournes dans le sol, d'où tu as été pris ; **car tu es poussière, et tu retourneras à la poussière**»* (**Genèse 3:19**).

En prenant une forme humaine, Jésus ne S'est pas soustrait à cette malédiction car Il venait sauver la race adamique. Pour ce faire, il Lui fallait passer par toutes les étapes de la vie humaine, de la naissance à la mort. Il traversa ce processus avec succès ; aussi *«Dieu L'a souverainement élevé et Lui a donné le nom qui est au-dessus de tout nom, afin qu'au nom de Jésus tout genou fléchisse dans les cieux, sur la terre et sous la terre, et que toute langue confesse que Jésus-Christ est Seigneur, à la gloire de Dieu le Père»* (**Philippiens 2:9-11**).

La mort biologique est donc un état de cadavre, d'inertie totale, sans activité, ni lumière, ni ombre de variation. Le résultat est enseveli sous terre.

- ## La mort de l'esprit ou mort spirituelle

Nous avons défini l'esprit humain comme résidant dans la région du cœur biologique de l'homme. On l'appelle cœur spirituel. C'est ce cœur qui reçoit le Saint-Esprit à la régénération du chrétien. La raison tient de ce qu'au commencement, Dieu souffla dans les narines de l'homme avant que le cœur biologique de celui-ci ne se mît à battre (**Genèse 2:7**). Depuis lors, le cœur de l'homme bat continuellement. Lors de la reproduction naturelle par l'homme et la femme, le fœtus acquiert un cœur qui bat continuellement et ne s'arrête qu'à la mort biologique de ce dernier. A l'origine, l'homme est une poussière inerte. C'est à partir du souffle de Dieu, dans ses narines, que l'homme devint un être vivant. Cette vie est matérialisée par la circulation du sang dans ses veines, un sang propulsé dans le tissu humain par le cœur biologique. C'est ce souffle originel de Dieu qui est devenu l'esprit humain, et il réside dans la région du cœur humain. L'esprit humain, à l'origine, n'avait pour but que de rendre l'homme vivant. Il n'était pas saint comme l'Esprit Saint, cependant il était innocent, c'est-à-dire sans péché ni condamnation. L'Esprit Saint ne peut pécher. Mais l'esprit humain peut pécher même si, à l'origine, il est innocent. C'est en désobéissant à Dieu que l'homme a perdu son innocence pour devenir un pécheur récidiviste. Lorsqu'on parle de circoncision du cœur – contrairement à la circoncision biologique par enlèvement du prépuce –, il est question de régénération du cœur spirituel. On ne circoncit pas le cœur biologique, mais on circoncit le cœur spirituel ou l'esprit humain. Pour un chrétien, l'esprit humain – cœur spirituel – est circoncis lorsqu'il est visité (vivifié) par le Saint-Esprit.

Dieu avait annoncé la régénération – circoncision – du cœur spirituel par la bouche du prophète. Il est en effet écrit :

> *«Mais voici l'alliance Que Je conclurai avec la maison d'Israël. Après ces jours-là, – Oracle de l'Éternel : Je mettrai ma loi au-dedans d'eux, **Je l'écrirai sur leur cœur** ; Je serai leur Dieu, et ils seront Mon peuple»* (**Jérémie 31:33**).

> ***«Je vous donnerai un cœur nouveau et Je mettrai en vous un esprit nouveau»*** (**Ezéchiel 36:26**).

On comprend par les versets ci-dessus que les opérations de régénération du chrétien, né de nouveau, ont lieu dans son cœur spirituel ou esprit humain, ou souffle originel de Dieu. C'est dans l'esprit ou cœur spirituel de l'homme que vient siéger le Saint-Esprit à la régénération. On dit alors de celui qui reçoit le Saint-Esprit ainsi, qu'il est un chrétien, un saint ou disciple de Jésus-Christ.

Comment alors l'esprit humain meurt-il ? Comment le cœur spirituel meurt-il ? C'est une excellente question qui appelle une réponse sans équivoque. **L'esprit humain meurt lorsqu'il est séparé de Dieu ou lorsqu'il quitte la présence de Dieu**. Toute mort, dans l'absolue, signifie : **Séparé de Dieu**. Quiconque est séparé de Dieu est mort tout simplement. Mais par simplification de langage, on dira que toute personne séparée de Dieu est spirituellement morte. C'est donc ce que Jésus insinuait en disant de *laisser les morts (spirituels) enterrer leurs morts (biologiques)*.

Quiconque est séparé de Dieu est mort. Même si on vit biologiquement, ou par quelque autre procédé (cliniquement), on est spirituellement mort lorsqu'on est séparé de Dieu.

Ayant été expulsés du jardin d'Eden, lieu céleste, Adam et Eve moururent spirituellement. Leur cœur spirituel – ou esprit en minuscule – fut séparé de Dieu. Leurs yeux intérieurs – autre appellation du cœur spirituel – ne pouvaient plus saisir Dieu. Bien qu'Adam mourût biologiquement 930 ans plus tard, sa mort spirituelle avait déjà été actée dès son expulsion du Jardin d'Eden.

> Comprenons bien que la mort, dans l'absolue, est la séparation d'avec Dieu. Quiconque est séparé de Dieu est mort.

On peut donc avoir des cas où l'on vit biologiquement tout en étant spirituellement mort : c'est le cas d'Adam qui fut déclaré mort avant sa mort biologique. C'est aussi le cas de ses descendants païens qui ne croient pas que Jésus-Christ soit le Fils de Dieu, l'Agneau expiatoire qui ôte le péché du monde. C'est encore le cas du fossoyeur du verset **Matthieu 8:22**. On peut aussi être biologiquement mort tout en étant spirituellement vivant : c'est le cas des saints qui ne sont plus de ce monde. Ils vivent auprès de Dieu, dans le Paradis où ils poursuivent leur perfectionnement. L'Ecriture parle en effet *des esprits des justes parvenus à la perfection* (**Hébreux 12:23**). Jésus, en réponse aux sadducéens qui contestaient la résurrection des morts, a affirmé que Dieu était le Père d'Abraham, d'Isaac et de Jacob. Une façon de dire que malgré leur mort biologique, ces trois patriarches vivaient auprès de Dieu (**Matthieu 22:32-33**).

En parcourant les Ecritures, on déduit aisément que l'état qui préoccupe Dieu, plus que tout, est la santé de l'esprit qu'Il insuffla originellement dans les narines de l'homme. Si l'homme est séparé de Dieu, alors son esprit humain est mort. Dans ce cas de figure, l'homme est mort, qu'il soit biologiquement vivant ou mort. Lorsque l'esprit est mort, il importe peu chez Dieu que vous viviez biologiquement. Dieu est préoccupé, tellement préoccupé qu'Il envoya Son Fils unique, Jésus de Nazareth, comme moyen d'expiation et de réconciliation de l'homme avec Lui. L'Ecriture dit en effet que :

> «*Dieu était en Christ, **réconciliant le monde avec Lui-même**, sans tenir compte aux hommes de leurs fautes*» (**2 Corinthiens 5:19**).

La réconciliation de l'homme avec Dieu a lieu lorsqu'il reçoit le Saint-Esprit dans son esprit ou cœur spirituel. On dit de cet homme qu'il est régénéré, né de nouveau, chrétien, saint, disciple de Jésus-Christ ou circoncis de cœur. Tandis que celui qui ne croit pas, est déjà jugé. Il est mort même s'il vit biologiquement. L'âme de cette personne est en danger car elle court le risque d'être jetée en enfer – seconde mort – à la fin des temps, quand Dieu jugera les vivants et les morts.

Sur la base de ce qui précède, on comprend que Satan et ses anges sont spirituellement morts car ils ont définitivement quitté la présence de Dieu, sans rémission possible. Ils sont destinés à l'enfer, la seconde mort.

- ## La mort de l'enfer ou seconde mort

Dieu a réservé l'enfer au diable et aux anges qui le suivirent dans la rébellion. On les appelle couramment démons. En quittant la présence de Dieu, ils sont morts spirituellement. L'Ecriture leur attribue des noms peu flatteurs. Pire encore, Dieu n'a pas prévu de rémission pour ces anges déchus. Il n'y a plus de réconciliation possible pour eux. Leurs péchés sont inexpiables, Jésus n'étant pas venu sauver les anges déchus, autrement Jésus aurait pris une forme humaine et angélique à la fois. L'Ecriture atteste explicitement, sans équivoque possible, que l'enfer a été réservé à Satan et à ses anges. Dans une parabole, Jésus a déclaré :

> «*Ensuite Il (Dieu) dira à ceux qui seront à Sa gauche : Retirez-vous de moi, maudits, allez dans le **feu éternel préparé pour le diable et pour ses anges**» (**Matthieu 25:41**).

Il est triste que les humains aillent dans le feu de l'enfer réservé, à l'origine, au diable et à ses anges. C'est la réalité des Ecritures. Ceux qui ne se seront pas repentis de leurs péchés, ceux qui auront foulé aux pieds le sang de Jésus-Christ iront en enfer, c'est la seconde mort.

> «*Puis la mort et le séjour des morts furent précipités dans l'étang de feu. **Cet étang de feu, c'est la seconde mort**» (**Apocalypse 20:14 /Bible Semeur**).

Gloire à Dieu : Les chrétiens qui tiendront ferme et persévèreront jusqu'à la fin auront droit à la résurrection des justes. Ils règneront avec

Christ. La seconde mort, l'enfer, n'aura plus d'effet sur eux selon qu'il est écrit :

> *«Heureux et saints ceux qui ont part à la première résurrection !* **La seconde mort (enfer) n'a pas de pouvoir sur eux**, *mais ils seront sacrificateurs de Dieu et du Christ, et ils règneront avec Lui pendant les mille ans»* (**Apocalypse 20:6**).

VIVRE PAR L'ESPRIT

Le chrétien naît non du sang, ni de la volonté de la chair, ni de la volonté de l'homme, mais de Dieu, d'eau et d'Esprit

> *«Mais à tous ceux qui L'ont reçue (Parole), Elle a donné le pouvoir de devenir enfants de Dieu, à ceux qui croient en Son nom et qui sont nés, **non du sang, ni de la volonté de la chair ni de la volonté de l'homme**, mais de Dieu»* **Jean 1:12-13**.

> *«En vérité, en vérité, Je te le dis, si un homme ne naît **d'eau et d'Esprit**, il ne peut entrer dans le royaume de Dieu»* **Jean 3:5**.

Nous ne pouvons pas nous permettre de réduire l'importance des quatre évangiles devant les Actes des apôtres au motif que les évangiles sont antérieurs à la Pentecôte. Même si certains passages des évangiles n'ont pas été rappelés par les apôtres, leur réalité spirituelle demeure. Si Jésus, de Son temps, a rappelé David de l'Ancien Testament, à plus forte raison devrions-nous rappeler Ses actes à Lui – évangiles. Jésus-Christ est supérieur au plus grand des apôtres. On pourrait même prêter plus d'importance aux évangiles qu'aux actes des apôtres. Jésus n'est-Il pas le plus grand Prophète ? Au moins savons-nous qu'Il était plus grand que le roi David qu'Il citait dans Ses messages, et dont nous apprécions les psaumes. La Pentecôte n'aura été que le déclencheur de l'œuvre missionnaire des apôtres sous la conduite du Saint-Esprit. Cela n'enlève rien aux évangiles qui, eux, relèvent directement de Jésus-Christ. Jésus-Christ a bien précisé le cadre dans lequel le Saint-Esprit, survenant après Lui, interviendrait : *Il vous enseignera toutes choses et **rappellera tout ce que Je vous ai dit*** (**Jean 14:26**). Logiquement on peut assimiler l'évangile à une loi fondamentale et les actes des apôtres aux textes d'application. Jamais un texte d'application n'a dépassé la loi qui le fonde.

Ceci dit, nous devons prêter une attention particulière au **verset Jean 1:13** ci-dessus. Il y est rapporté que ceux à qui il a été donné de croire au nom de Jésus, ne sont plus nés du sang ni de la volonté de la chair ni de la volonté de l'homme. Le sang, la volonté de la chair et la volonté de l'homme sont trois éléments de base caractérisant tous ceux qui naissent de femmes. Ils naissent tous du sang. Comment se fait-il qu'un disciple de Jésus, engendré par l'opération du sang (placenta), la volonté de la chair et la volonté de l'homme, puisse se réclamer *né de Dieu, d'eau et d'Esprit ?* Jésus dit en effet, un peu plus loin dans le même chapitre, *«Si un homme ne naît d'eau et d'Esprit, il ne peut entrer dans le royaume de Dieu»* (**Jean 3:5**). Il s'agit du mystère de la nouvelle naissance – régénération – que le pharisien Nicodème avait du mal à comprendre, puisqu'il se demandait s'il devait retourner dans le ventre de sa mère pour renaître. Quiconque est né de nouveau, est réputé né de Dieu. Quiconque est né de nouveau, est aussi né d'eau et d'Esprit (**versets 3 et 7**).

Né de Dieu, né de nouveau ou *né d'eau et d'Esprit* décrivent une seule et même réalité. Une réalité opposée à celle du reste des humains qui naissent, eux, du sang, de la volonté de la chair et de la volonté de l'homme.

Il appartient maintenant au chrétien de saisir la force de cette vérité et d'en faire sienne. C'est cette grande distinction qui le sépare de ceux du monde. Ces derniers n'ont pas, en eux, le Saint-Esprit qu'ils ne peuvent pas connaître (**Jean 14:17**).

Dieu ne demande pas au chrétien de comprendre ou d'expliquer cela. Il dit que c'est la réalité spirituelle de tout chrétien. Au fait, il n'est pas difficile de comprendre si l'on accepte que quiconque a le Saint-Esprit de Dieu en lui, est une nouvelle créature. L'Esprit de Dieu, en l'homme, est un don de Dieu. Un don exceptionnel puisqu'Il fut l'objet de recherches des prophètes de l'Ancien Testament, et les anges désirent y plonger leur regard (**1Pierre 1:10-12**).

L'homme naturel ne saisit pas les choses de l'Esprit (**1 Corinthiens 2:14**) pour la simple raison qu'il n'a pas en lui l'Esprit de Dieu, cet Esprit que Dieu avait promis de graver dans le cœur de l'homme (**Ezéchiel 36:26-27**). La présence ou non du Saint-Esprit chez l'être humain établit la frontière entre un chrétien et un païen – spirituellement mort comme décrit plus haut. Jésus affirma en effet : *«laisser les morts (spirituels) enterrer leurs morts (biologiques)»* (**Luc 9:60**).

C'est une grâce de Dieu que de recevoir Son Esprit. Celui qui a l'Esprit de Christ appartient à Christ. Et celui qui ne L'a pas, ne Lui appartient pas (**Romains 8:9**). Celui qui a l'Esprit de Dieu est une nouvelle créature. Il est né de Dieu, d'eau et d'Esprit. Celui qui n'a pas l'Esprit de Dieu est mort, au sens spirituel du terme, car il vit seulement par le sang, la volonté de la chair et la volonté de l'homme.

Tout chrétien doit désormais se considérer comme né de Dieu, n'ayant plus rien à voir avec le sang ou la chair – placenta. Cela demande que le chrétien repense ses rapports avec le monde, car il n'est plus considéré comme une entité du monde pour en faire la volonté. Il est désormais né de Dieu pour accomplir la justice de Dieu et seulement Lui. Ici, il nous faut éviter l'amalgame et les exceptions car il n'y a aucune exception à cette règle. Il n'y a, en la matière, aucune exception concernant les parents biologiques. En effet le Seigneur déclare : «*Si quelqu'un vient à Moi, et s'il ne hait pas son père, sa mère, sa femme, ses enfants, ses frères et ses sœurs, et même sa propre vie, il ne peut être Mon disciple*» (**Luc 14:26**). L'absence d'exception s'étend aussi à la vie propre des chrétiens. Jésus-Christ exige que le chrétien renonce *même à sa propre vie*, s'il veut être Son disciple. C'est le défi qui attend tout chrétien, et aucune exception n'est permise.

Ce statut bien particulier du chrétien, contrairement au païen, est très bien expliqué dans l'Evangile de Jésus-Christ. Une telle allusion est aussi présente dans les épîtres des apôtres selon qu'il est écrit : «*Ceux qui sont au Christ-Jésus* (nés de nouveau) *ont crucifié la chair avec ses passions et ses désirs. Si nous vivons par l'Esprit* (car né d'Esprit), *marchons aussi par l'Esprit*» (**Galates 5:24-25**).

> Remarquons bien le terme utilisé dans le **verset Galates 5:24** : *si nous vivons par l'Esprit, (ALORS) marchons aussi par l'Esprit*. Ainsi la condition pour marcher par l'Esprit, est de vivre par l'Esprit. Tout comme l'homme naturel vit par la chair, car né du sang, le disciple de Christ, en revanche, vit par l'Esprit car né d'Esprit. **C'est parce qu'on est né de la chair qu'on vit par la chair.**

C'est aussi parce qu'on est né d'Esprit qu'on vit par l'Esprit. Maintenant, comme l'homme naturel marche par la chair, car né de ce matériau, Dieu exige que le chrétien marche par l'Esprit car il est né d'Esprit. C'est en marchant par l'Esprit que le chrétien accomplira la justice de Dieu. Il lui est cependant possible de marcher par la chair à cause de l'enveloppe qui l'entoure, celle héritée de ses parents biologiques. Mais Dieu ne le permet pas, d'où la vigilance. Comme les chrétiens sont nés d'Esprit, alors ils vivent par l'Esprit et, à ce titre, doivent marcher par l'Esprit. Dieu l'exige car ceux qui marchent par la chair ne peuvent Lui plaire selon qu'il est écrit : «*Les tendances de la chair sont ennemies de Dieu, parce que la chair ne se soumet pas à la loi de Dieu, elle en est même incapable*» (**Romains 8:7**). L'homme naturel ne peut pas marcher par l'Esprit qui lui est totalement inconnu. Il ne peut suivre que les tendances de la chair car son esprit est coupé de Dieu – spirituellement mort. Tout esprit humain, non régénéré par l'Esprit Saint, est mort. Comme l'homme naturel n'a pas l'Esprit Saint en lui, il n'appartient pas à Christ. Et celui qui n'appartient pas à Christ est mort. Le chrétien, en revanche, a l'Esprit Saint demeurant en lui, c'est pourquoi, il vit par l'Esprit, qu'il le veuille ou non, le comprenne ou non, l'accepte ou non, le cautionne ou non. Dès lors, sur cette base, il doit ABSOLUMENT **marcher par l'Esprit** pour accomplir la justice de Dieu. Cependant, il lui est possible de renouer avec les tendances de la chair car il reste toujours enfermé dans une enveloppe terrestre. Dieu est contre ces tendances comme l'apôtre Paul le faisait savoir aux Galates qui, après avoir marché par l'Esprit, étaient retombés dans les travers de la chair. Aussi l'apôtre leur rappelait que, comme **ils vivaient par l'Esprit**, alors ils devaient marcher par l'Esprit et abandonner les tendances de la chair. Il leur rappela que jadis, ils marchaient par l'Esprit, et s'étonna de les voir retomber dans la chair dont ils n'étaient plus redevables. Celui qui ne vit pas par l'Esprit, ne peut marcher par l'Esprit. Or marcher par l'Esprit, c'est faire preuve de foi. Celui qui ne marche pas par l'Esprit, n'a pas la foi et *sans la foi, on ne peut plaire à Dieu* (**Hébreux 11:6**).

Le fait de vivre dans le monde n'autorise pas le chrétien à partager les valeurs du monde sans précaution. La cohabitation avec le monde, telle que recommandée par Jésus-Christ Lui-même, doit se faire avec délicatesse. Il ne s'agit pas de communier en esprit avec eux — car leur esprit est mort, sans Dieu —, mais plutôt de vivre dans leur milieu en attendant le retour du Seigneur qui séparera physiquement les bons et les méchants. Jésus a demandé aux chrétiens de veiller et de prier, de se sanctifier en rejetant les tendances charnelles au profit de celles de l'Esprit, d'être *prudents comme les serpents et simples comme les colombes* (**Matthieu 10:16**). Le chrétien peut donc vivre au milieu du monde sans suivre ses tendances.

Par le Saint-Esprit, les chrétiens sont des saints, membres du royaume des cieux

L'identité réelle du chrétien se révèle à travers les bénédictions que Dieu lui accorde. Celui qui reçoit le don de prophétie est un prophète. Celui qui reçoit le don de pasteur est un pasteur. Celui qui reçoit le don d'enseignant est un enseignant. Tout comme est évangéliste, celui qui reçoit le don d'évangéliser. **Celui qui reçoit le Saint-Esprit est un saint, membre du royaume des cieux.**

Jésus a clairement indiqué que Son royaume n'était pas de ce monde. Il dit en effet aux Juifs de Son temps :

> «*Vous êtes d'en bas ; **Moi, Je suis d'en haut**. Vous êtes de ce monde, **Moi, Je ne suis pas de ce monde**»* (**Jean 8:23**).

Jésus indiqua que Sa présence sur la terre signifiait aussi que Son royaume était descendu à terre :

> *«Mais, si c'est par l'Esprit de Dieu, que Moi, Je chasse les démons, **le royaume de Dieu est donc parvenu jusqu'à vous**»* (**Matthieu 12:28**).

Plus loin, dans la dernière prière à Son Père, Jésus déclare que Ses disciples, appelés à poursuivre Sa mission après Lui, n'étaient pas de ce monde bien qu'ils soient autorisés à y vivre. Il dit en effet :

> *«Je leur (disciples) ai donné Ta parole, et le monde les a haïs, **parce qu'ils ne sont pas du monde**, comme Moi, Je ne suis pas du monde. **Je ne Te prie pas de les ôter du monde**, mais de les garder du Malin. **Ils ne sont pas du monde**, comme Moi, Je ne suis pas du monde»* (**Jean 17:14-16**).

Les chrétiens ne sont plus du monde car ils appartiennent désormais à un royaume différent, celui du Christ : le royaume des cieux. Les chrétiens sont donc des saints. L'Ecriture leur attribue ce qualificatif abondamment dans les actes des apôtres. En voici quelques-uns :

> *«Car la Macédoine et l'Achaïe ont bien voulu faire une collecte en faveur des pauvres **qui sont parmi les saints de Jérusalem**»* (**Romains 15:26**).

> *«Paul, apôtre du Christ-Jésus, par la volonté de Dieu, **aux saints et fidèles en Christ-Jésus qui sont à Éphèse** : Que la grâce et la paix vous soient données de la part de Dieu notre Père et du Seigneur Jésus-Christ»* (**Ephésiens 1:1-2**).

Dans les actes et épîtres des apôtres, les expressions 'saint', 'fidèle' et 'chrétien' se confondent. Le terme 'saint' est même abondamment employé car, au premier siècle de notre ère, le terme 'chrétien' était aussi péjoratif que l'est le terme 'secte' aujourd'hui.

A partir du statut de saint, membre du royaume des cieux, tout change pour le chrétien, comme nous le verrons ci-après.

L'homme naturel hérite de son géniteur : esprit, âme et corps

> *«Que tout votre être, **l'esprit, l'âme et le corps**, soit conservé sans reproche à l'avènement de notre Seigneur Jésus-Christ !»* **1 Thessaloniciens 5:23**.

Selon l'Ecriture, l'homme est constitué d'un esprit, d'une âme et d'un corps par lesquels la nature humaine se définit. D'une génération à l'autre, les humains transmettent à leurs descendants ce qu'ils possèdent naturellement : un corps, un esprit et une âme. Les humains ne pouvant engendrer les animaux des champs, les reptiles, les poissons et les oiseaux, mais uniquement les humains, nous avons la certitude que les générations futures possèderont un corps, un esprit et une âme comme Adam et Eve. C'est pourquoi, seuls les humains héritent des humains. Jamais un ange n'a hérité d'un humain. Jamais un lion, un corbeau, un oiseau n'a naturellement hérité de l'homme.

En faisant du chrétien Son héritier et cohéritier avec Christ, Dieu confère au chrétien des attributs divins, notamment la nature divine. Nous exposerons plus loin l'invitation de Dieu à passer de la nature humaine à la nature divine.

Nous devons noter que l'humain hérite de l'humain. Telle est la base principale de l'héritage naturel. Pour hériter de la nature de l'homme, il faut lui ressembler. Il faut avoir été engendré par lui. Celui qui n'a pas été engendré par Gérôme, ne peut naturellement hériter de Gérôme. Si donc Dieu considère les chrétiens comme Ses héritiers et cohéritiers avec Christ, c'est parce que **Dieu reconnaît qu'Il les a engendrés en Christ**. C'est ce que l'écriture affirme en disant :

> *«Car nous sommes Son ouvrage, **nous avons été créés en Christ-Jésus** pour des œuvres bonnes que Dieu a préparées d'avance, afin que nous les pratiquions»* (**Ephésiens 2:10**).

> *«Mais à tous ceux qui L'ont reçue (Parole), **Elle a donné le pouvoir de devenir enfants de Dieu**, à ceux qui croient en Son nom **et qui sont nés**, non du sang, ni de la volonté de la chair, ni de la volonté de l'homme, mais **de Dieu**»* (**Jean 1:12-13**).

Dieu estime que le chrétien est engendré par Lui, comme les hommes et les femmes sont engendrés par leurs parents. **Etre né de Dieu octroie des attributs divins autant que naître de parents biologiques octroie des attributs humains.** Le chrétien ne doit pas ignorer cette vérité. Il est même invité à la réclamer car il a reçu la foi pour cela. Il est triste que les chrétiens ne se prennent pas pour des fils que Dieu a engendrés autant qu'ils sont conscients d'avoir des pères biologiques. Dieu souhaite que les chrétiens Le prennent au sérieux puisque l'affirmation est de Lui.

Mais le chrétien hérite l'Esprit de Dieu et la nature divine

Tout comme un nouveau-né hérite l'esprit humain, à la naissance, car ses parents possèdent un esprit humain, le chrétien hérite, lui, l'Esprit Saint à sa régénération, lorsqu'il confesse et croit que Jésus-Christ est l'Agneau expiatoire offert en rançon pour le péché de l'humanité. Dès la régénération de son esprit (nouvelle naissance), le chrétien hérite l'Esprit Saint. Jésus dit en effet au pharisien Nicodème :

> «*Si un homme ne naît d'eau et d'Esprit*, il ne peut entrer dans le royaume de Dieu» (**Jean 3:5**).

La nouvelle naissance ou la chrétienté est une affaire d'Esprit Saint. L'Ecriture affirme que *celui qui n'a pas l'Esprit du Christ ne Lui appartient pas* (**Romains 8:9**). La nouvelle naissance n'a rien à voir avec les activités effectuées dans les églises. Certaines églises ont même confié aux païens des activités destinées à l'édification du corps de Christ. Aucune de ces activités ne conférera à ces païens le statut de chrétien. Car c'est en naissant de nouveau/l'Esprit que l'on devient chrétien, selon les propos de Jésus ; et rien d'autre.

Qu'il n'y ait donc pas d'équivoque sur l'identité réelle du chrétien. Le chrétien possède le Saint-Esprit en lui, l'Esprit de Christ, l'Esprit de Dieu, l'Esprit de vérité, le Consolateur.

Comme examiné plus haut, si Dieu a établi que le chrétien était Son héritier et cohéritier avec Christ, alors le chrétien hérite la nature de Dieu.

Les exigences de la nature divine héritée par le chrétien

*«Par elles (gloire et puissance de Dieu) les promesses les plus précieuses et les plus grandes nous ont été données, afin que par elles vous deveniez **participants de la nature divine**, en fuyant la corruption qui existe dans le monde par la convoitise»* **2 Pierre 1:4**.

*«Mais vous (chrétiens), ce n'est pas ainsi que vous avez appris à connaître le Christ, si du moins vous avez entendu parler de Lui, et si vous avez été instruits en Lui, conformément à la vérité qui est en Jésus : c'est-à-dire **vous dépouiller**, à cause de votre conduite passée, **de la vieille nature** qui se corrompt par les convoitises trompeuses, **être renouvelés par l'Esprit dans votre intelligence**, et **revêtir la nature nouvelle, créée selon Dieu dans***

> *une justice et une sainteté que produit la vérité.»*
> **Ephésiens 4:20-24**.

> *«Faites donc **mourir votre nature terrestre** : l'inconduite, l'impureté, les passions, les mauvais désirs et la cupidité qui est une idolâtrie [...] Ne mentez pas les uns aux autres, vous qui avez **dépouillé la vieille nature** avec ses pratiques et **revêtu la nature nouvelle** qui se renouvelle en vue d'une pleine connaissance selon l'image de Celui qui l'a créée»* **Colossiens 3:5,9-10**.

En remontant ces Ecritures de bas en haut, nous apprenons que le chrétien est sommé de se *dépouiller de sa nature terrestre* – corrompue par les passions et convoitises qui s'y guerroient – en vue de revêtir la nature nouvelle dont la caractéristique est qu'elle se renouvelle selon l'image de Celui qui l'a créée. Le **verset Ephésiens 4:24** précise que c'est Dieu qui a créé la nouvelle nature dans la *justice et la sainteté*. Le **verset 23** indique que la nouvelle nature est revêtue grâce à *l'Esprit qui renouvelle l'intelligence* du chrétien. Ainsi, nous voyons que la présence de l'Esprit-Saint dans le chrétien vise, entre autres, à asseoir la *sainteté de Dieu dans son intelligence* afin de modifier ses tendances, et de le faire passer des vieilles tendances humaines aux tendances divines qui le pousseront à connaître Dieu dans la vérité – via Ses actes de justice.

Le chrétien ne doit donc pas empêcher le renouvellement de son intelligence par le Saint-Esprit en vue de modifier entièrement sa nature. En fait il ne s'agit pas de bonifier l'ancienne nature humaine car elle est incapable de correction. Il s'agit de s'en débarrasser au profit d'une nouvelle nature divine, inoculée par le Saint-Esprit. Car avant que le Saint-

Esprit n'établisse Sa demeure dans l'esprit du chrétien, ce dernier était mû par son esprit naturel non régénéré. A la régénération, le Saint-Esprit établit Sa demeure dans l'esprit du chrétien – *Votre corps est le temple du Saint-Esprit qui est en vous et que vous avez reçu de Dieu* (**1 Corinthiens 6:19**).

Le chrétien ne doit pas avoir honte de cette nature renouvelée – divine – même si une telle affirmation peut paraître surréaliste dans ce monde. Le chrétien étant **né d'eau et d'Esprit**, il est évident qu'il sera animé d'une nature autre que terrestre. Il s'agit d'une nature vivifiante selon qu'il est écrit :

> «*Si l'Esprit de Celui qui a ressuscité Jésus des morts habite en vous, Celui qui a ressuscité Christ des morts, **vivifiera aussi vos corps mortels à cause de Son Esprit qui habite en vous**»* (**Romains 8:11/Bible Martin**).

Autre traduction :

> «*Si l'Esprit de Celui qui a ressuscité Jésus d'entre les morts habite en vous, Celui qui a ressuscité le Christ-Jésus d'entre les morts **donnera aussi la vie à vos corps mortels par Son Esprit qui habite en vous**»* (**Romains 8:11/Bible Semeur**).

C'est cette vie inoculée dans le chrétien qui est de nature divine. Nos corps sont mortels, mais la vie qui y est inoculée par le Saint-Esprit est divine. C'est cette nature qui se renouvelle de jour en jour en vue d'amener le chrétien à la stature de Christ (**Ephésiens 4:13**). Nous précisons bien que le Saint-Esprit réside dans l'esprit du chrétien à la régénération. C'est à partir de l'esprit que le Saint-Esprit introduit la vie divine dans l'intelligence, les sentiments et la volonté du chrétien. On dit alors que ce chrétien a une intelligence renouvelée, des sentiments renouvelés et une volonté renouvelée à la gloire de Dieu le Père. Ce chrétien passe donc de la nature humaine à la nature divine bien que son corps demeure mortel.

Comment le chrétien passe-t-il de la nature humaine à la nature divine ?

*«Mais vous (chrétiens), ce n'est pas ainsi que vous avez appris à connaître le Christ, si du moins vous avez entendu parler de Lui, et si vous avez été instruits en Lui, conformément à la vérité qui est en Jésus : c'est-à-dire **vous dépouiller**, à cause de votre conduite passée, de la vieille nature qui se corrompt par les convoitises trompeuses, **être renouvelés par l'Esprit dans votre intelligence**, et revêtir la nature nouvelle, créée selon Dieu dans*

une justice et une sainteté que produit la vérité»
Ephésiens 4:20-24.

Il ressort d'**Ephésiens 4:20-24**, que passer de la nature humaine à la nature divine comprend un **dépouillement** et un **renouvellement**. Ces deux actions sont rendues possibles par la présence du Saint-Esprit dans le chrétien. SANS l'Esprit du Christ, il est inutile d'essayer car cela est impossible à l'homme naturel.

Si le chrétien ne met pas le cœur à l'ouvrage, dans ce processus de **dépouillement** et de **renouvellement**, il se rendra vite compte que sa vie n'est pas différente de celle d'avant-conversion. La présence du Saint-Esprit régénère le chrétien qui passe de la mort (esprit naturel) à la vie (esprit régénéré).

Le Seigneur invite le chrétien au **dépouillement** de la vieille nature humaine, et au **renouvellement** dans une nature divine incorruptible parce que Son Esprit est présent dans le chrétien. Quelles que soient les difficultés rencontrées, le chrétien doit faire confiance à Christ, et ce qu'il désire apparaîtra. Tel est le principe de la foi en Christ : *L'**assurance** des choses qu'on espère et la **démonstration** de celles qu'on ne voit pas* (**Hébreux 11:1**). Il faut d'abord *espérer ce qu'on ne voit pas*, tout en ayant le cœur – les yeux intérieurs – fixé sur le Christ. C'est alors que Dieu fera émerger ce qu'on a demandé, du monde invisible au monde visible ; ainsi s'achève la ***démonstration***.

Une fois conscient de la nécessité de se dépouiller de l'ancienne nature humaine au profit de la nouvelle, le chrétien doit accepter les choix de

Dieu dans toutes les circonstances de sa vie. Parmi les tendances dont il doit se dépouiller, **Colossiens 3:5** mentionne en particulier *l'inconduite, l'impureté, les passions, les mauvais désirs et la cupidité*. Il existe une pléthore d'autres tendances dont il doit se dépouiller et qui ont un lien étroit ou lointain avec celles-là.

Nous devons préciser que le dépouillement de l'ancienne nature n'est pas toujours aisé. C'est même une perte sèche car, au chapitre des anciennes tendances à abandonner, il y a des choses ayant une apparence de vertu telles que : *ne goûte pas, ne mange pas, attendre tel jour, pas dans tel lieu* etc. Certaines tendances sont même protégées par les lois nationales.

Aussi le chrétien évitera de baser sa vie sur l'opinion publique et les traditions de ce monde. Seule la parole de Dieu devra lui servir de boussole. Ce qui est interdit par la parole de Dieu, il devra s'en passer telle que, de nos jours, l'homosexualité qui fait l'objet d'une dépénalisation galopante dans le monde (**1 Corinthiens 6:10, 1 Timothée 1:10, Jude 1:7**). Ce que la parole de Dieu autorise, il devra l'accepter quelle que soit l'hostilité du monde, car *le ciel et la terre passeront mais la parole de Dieu ne passera pas*. En fait tout ce qui est visible passera. Et l'observateur avisé peut déjà se rendre compte que les saintes Ecritures sont restées intactes alors que les pays ont connu de nombreux bouleversements. Les grands pays d'aujourd'hui – Etats-Unis, France, Angleterre, Russie, Brésil, Inde, Chine, Japon – étaient quasi inconnus dans l'antiquité où l'Egypte, la Grèce, l'Italie (Rome antique), l'Iran (Perse antique) tenaient les premiers rôles. Il en sera de même dans le futur car il n'est pas certain que les pays avancés d'aujourd'hui soient toujours aux avant-postes demain. Il peut paraître fou de dire cela aujourd'hui, comme il était fou d'imaginer la disparition des pharaons d'Egypte et des empereurs romains dont la domination dura des siècles. Mais ce qui n'a pas changé et ne changera jamais, est la parole de Dieu, *l'épée de l'Esprit*. La Parole de Dieu a résisté aux tremblements de terre, inondations, guerres, bouleversements culturels, civilisationnels, sociaux et politiques, ainsi qu'aux intempéries et catastrophes de tout genre. Parfois elle était introuvable, mais toujours, on la retrouvait inchangée, immuable.

Il existe une forte tendance des chrétiens à imiter ce qui est bien dans le monde. Nous ne pensons pas que les actes de ce monde soient tous mauvais. Cependant, bien que vivant dans le monde, les chrétiens doivent s'assurer que leurs actes soient conformes aux commandements de Dieu. **Ce que Sa parole accepte, ils doivent l'accepter. Ce que Sa parole rejette, ils doivent le rejeter**. C'est alors qu'ils seront les chrétiens dont Dieu est fier.

Par exemple, le Seigneur demande de ne pas se venger, de Lui laisser l'exclusivité de la vengeance. Il demande aux chrétiens d'être heureux lorsqu'on répand des mauvaises nouvelles sur eux à cause de Lui. Ceci met en garde les chrétiens contre toute recherche du suffrage populaire. Ceux qui cherchent à être bien vus du monde, ou ceux qui ont peur d'être mal vus, ne pourront pas être les chrétiens que Jésus-Christ cherche. Le Seigneur demande aux chrétiens de tendre la seconde joue après avoir pris une gifle, de faire un second kilomètre après qu'on les a forcés à en faire un, de donner une seconde tunique après avoir été privés de la première. Cela n'est possible que si on possède l'Esprit Saint en soi. Et les chrétiens ne doivent pas trouver excuses et prétextes pour s'y soustraire. De même, le Seigneur leur demandera d'aimer leurs ennemis et de les saluer. Ils doivent obéir pour être Ses disciples. C'est ainsi qu'ils se dépouilleront de l'ancienne nature humaine au profit de la nouvelle, divine, incorruptible.

MARCHER PAR L'ESPRIT

(N.B. Marcher par l'Esprit = vivre par la foi)

«*Marchez par l'Esprit*, et vous n'accomplirez point les désirs de la chair»
Galates 5:16

«*Si nous vivons par l'Esprit, **marchons aussi par l'Esprit***»
Galates 5:25

Introduction

Selon **Galates 5:25** ci-dessus, <u>marcher</u> par l'Esprit découle du <u>vivre</u> par l'Esprit. On marche par l'Esprit parce qu'on vit par l'Esprit. Tout comme le païen marche par la chair parce qu'il vit par la chair (sang), le chrétien doit marcher par l'Esprit – qui habite son esprit – parce qu'il vit par l'Esprit.

L'expression «*marcher par l'Esprit*» est très utilisée dans les épîtres de Paul et les milieux évangélistes et/ou pentecôtistes. Et nous devons reconnaître, à l'expérience, qu'une grosse confusion entoure cette expression. D'abord parce qu'on ne voit pas l'Esprit comme on verrait un objet palpable. Comment donc marcher selon ce qu'on ne voit pas ? On est habitué à marcher par la chair parce que l'homme est fait de chair et d'os bien visibles. Très honnêtement, dès le début de la foi, cette expression semble floue dans la tête du jeune converti. Même s'il mime cette expression, la réalité est bien souvent trop confuse dans la mesure où peu de gens ont une vie de sanctification irréprochable pour lui servir de guide. Il faut en plus reconnaître que de tous les auteurs des Ecritures, l'apôtre Paul est le seul à s'être longuement exprimé sur *la marche par l'Esprit*. On peut le comprendre car il était docteur de la loi en Israël. Il avait donc un côté intellectuel très poussé, ce qui explique, en partie, qu'il ait signé et cosigné plus de la moitié du Nouveau Testament.

Par *marcher par l'Esprit*, beaucoup font souvent allusion au fait d'entendre la voix du Seigneur, ce qui n'est ni faux ni exagéré. Mais là également, une énorme confusion règne parmi les chrétiens au point que cette question est rarement évoquée dans les prédications.

C'est Dieu qui fait entendre Sa voix par Son Esprit qui habite en l'homme

La voix de Dieu n'est pas un disque enregistré qui résonne dès qu'on actionne un bouton poussoir. Dieu est un être vivant, sentimental, intelligent et actif comme tout humain lambda, la visibilité en moins car les humains sont visibles tandis que Dieu ne l'est pas. Selon le premier commandement de Moïse, Dieu interdit toute représentation matérielle de Sa personne.

Beaucoup se demandent comment ils pourraient entendre la voix du Seigneur. C'est une saine préoccupation qui ne doit pas inquiéter le chrétien outre mesure car c'est le Seigneur qui, avant tout, désire que Ses brebis entendent Sa voix. Il dit d'ailleurs :

> *«Mes brebis **entendent Ma voix**. Moi, Je les connais, et **elles Me suivent**. Je leur donne la vie éternelle ; elles ne périront jamais, et **personne ne les arrachera de Ma main**»* (**Jean 10:27-28**).

Ces paroles devraient rassurer le chrétien sur le fait que le Seigneur s'arrangera pour que lui, le chrétien, puisse entendre Sa voix et non celle de l'étranger. Le Seigneur n'a pas précisé comment Il procédera. Et même dans les Ecritures, personne n'a décrit ni démontré le processus par lequel le Seigneur faisait entendre Sa voix. Ce qu'il faut retenir, c'est que Dieu parle à Ses enfants et que Ses enfants L'entendent. L'Ecriture et de nombreuses expériences indiquent que le Seigneur parle de plusieurs manières. Nous citerons de manière non exhaustive : les Ecritures (Bible), les prophètes, les chrétiens, les ministères et messagers divers, les songes, les révélations, les observations et bruits, les déductions, les succès et les échecs, les maladies, la vie et la mort, toute Sa création. La liste n'est pas exhaustive. On sait encore que le Seigneur entretiendra avec chaque chrétien une interface personnelle selon l'appel reçu. Ainsi le Seigneur parlera de telle ou telle manière à un prophète, un apôtre, un évangéliste, un enseignant, un guérisseur, une sentinelle, un chef de peuple, un chef d'entreprise, etc. Ceci afin que le chrétien puisse reconnaître la voix de Son Maître au milieu d'une multitude de voix. Un enfant ne peut ignorer la voix de sa mère. Il saura la reconnaître entre mille. De même une mère ne peut ignorer le cri de son enfant. Pourtant les rapports entre le Seigneur et les chrétiens sont plus profonds qu'entre une mère et son enfant. Car bien que mère et enfant soient proches, ils ne peuvent vivre l'un dans l'autre comme le Seigneur vit dans le chrétien par le Saint-Esprit.

En matière d'écoute de Dieu, c'est Dieu qui prend l'initiative – et non l'homme – pour faire entendre Sa voix, car la voix de Dieu n'est pas un disque enregistré. **De même que personne ne peut faire parler un tiers sans l'aval de ce dernier, de même, on ne saurait faire parler Dieu sans Son accord.** Pour entendre Dieu, il faut déjà que Dieu accepte de coopérer et que le chrétien soit dans de bonnes dispositions d'esprit et de sanctification. La seule parole qu'un chrétien, marchant de travers, peut entendre de Dieu, c'est le silence réprobateur suivi, parfois, d'une mesure disciplinaire lorsqu'il persiste dans l'égarement. Par exemple, l'Ecriture atteste que le Seigneur n'apparaissait plus au roi Saül après que ce dernier eut offert des sacrifices que seul le prophète Samuel était autorisé à effectuer (**1 Samuel 13:13-14**).

La voix de Dieu n'a jamais contredit l'Ecriture et ne saurait la confondre. La lecture fréquente des Ecritures et l'expérience pratique sont des références solides pour évaluer toute parole censée venir de Dieu. En effet, plusieurs propos ont été attribués à Dieu alors qu'ils provenaient des hommes et de leurs traditions. Jésus, au premier siècle, avait déjà dénoncé cette tendance chez les scribes et les pharisiens (**Matthieu 15:6**). De même, de nombreuses traditions, aux apparences de vertu, ont été introduites dans les assemblées chrétiennes. Le drame est qu'on semble attacher plus d'importance à ces traditions qu'à la parole de Dieu. Il est en effet facile d'obtenir l'adhésion populaire dans l'église lorsqu'on impute à Dieu les bonnes pratiques des traditions humaines. Or la focalisation du chrétien sur les traditions humaines le conduira vers la confusion, car il prendra ce qui vient des hommes comme venant de Dieu. Outre l'exemple cité par Jésus dans **Matthieu 15:6**, au sujet des traditions humaines introduites par les pharisiens, on peut citer «*Aides-toi et le ciel t'aidera*» comme une des traditions païennes tolérées dans l'église. Cette pensée est positive, avec une grande apparence de vertu, mais elle ne vient pas de Dieu et ne se trouve nulle part rapportée dans l'Ecriture, même de manière implicite. Du temps de l'apôtre Paul, les chrétiens juifs d'Asie tentaient d'imposer la circoncision aux païens convertis, ce à quoi Paul s'opposait énergiquement, soutenant qu'on ne pouvait pas imposer le judaïsme aux non-Juifs. Cela fait partie des griefs pour lesquels il fut persécuté jusqu'aux chaînes. Pourtant il n'y a rien de mal à la circoncision. Mais quoique sans danger, son introduction relevait des traditions humaines (juives) et non de la volonté de Dieu. Il s'agissait d'un moyen astucieux d'asservir les chrétiens (**Galates 2:4**). Car une fois la circoncision acceptée, un autre élément allait suivre, puis un autre et ainsi de suite jusqu'à ce que l'assemblée toute entière soit sous la coupe d'individus aux desseins égoïstes.

Dieu connaît en particulier la partie de Sa parole que le chrétien maîtrise et celle qu'il ne maîtrise pas. Dieu S'assurera que le chrétien mette en pratique la partie des Ecritures qu'il maîtrise. Il ne manquera pas de compassion lorsque le chrétien flanchera sur la part incomprise de Sa parole. Devant la tentation ou un appel ne venant pas de Lui, Dieu S'attend à ce que le chrétien se serve de Sa parole maîtrisée pour se défendre. Si un appel l'invite au vol, à la trahison, au faux témoignage ou à d'autres perversions telles que l'adultère ou le meurtre, toutes choses condamnées par Sa parole, alors le chrétien devra rejeter cet appel quelles que soient les conséquences. Dieu lui en saura gré d'avoir subi des pertes en Son nom.

En dehors de la parole de Dieu, deux autres moyens permettent au chrétien de cerner la volonté de Dieu. Il s'agit des circonstances et du sentiment intérieur – paix ou trouble de conscience. Mais aucun de ces deux moyens ne peut supplanter l'Ecriture. Quand l'Ecriture a déjà parlé de manière claire, il vaut mieux toujours la suivre. S'agissant des circonstances, il est clair qu'on ne peut pas intervenir sur une situation qui se déroule à des centaines de kilomètres de l'endroit où l'on se trouve, telle qu'éteindre un incendie ou venir en aide à un nécessiteux. Dans de tels cas, une prière à Dieu suffira afin que les circonstances du lieu de l'action agissent en faveur du nécessiteux. Personne ne peut, au nom de Dieu, demander cent deniers lorsque la personne sollicitée ne dispose pas de cet argent. Ce sont des circonstances qui ne confirment pas la volonté de Dieu. De même, des besoins urgents et pressants ne peuvent pousser à voler ou abuser de la confiance de son prochain, sous prétexte d'une cause légitime. Dieu est puissant pour arranger les circonstances en faveur du chrétien quelles que soient les situations. Pour ce qui est du sentiment intérieur favorable ou non à une parole imputée à Dieu, nous devons nous assurer que notre conscience ne se trouble pas. D'abord parce que la conscience se façonne au gré de la lecture de la parole de Dieu et de l'expérience chrétienne. D'autre part, selon une analyse approfondie des Ecritures par un chrétien de renom – Watchman Nee[*] –, la conscience est une faculté de l'esprit humain. Comme le Saint-Esprit colonise l'esprit du chrétien, on comprend que le Saint-Esprit enclenchera un signal d'alerte lorsque la volonté de Dieu sera en cause. Souvenons-nous de la stupéfaction de Daniel devant le songe du roi de Babylone (**Daniel 4:16**). C'était sa conscience qui était en émoi. Rappelons-nous aussi de la stupéfaction de David lorsqu'un émissaire vint lui raconter les circonstances de la mort du

---

[*] *L'Homme Spirituel,* Watchman Nee

roi Saül (**2 Samuel 1:10-11**). C'était encore une réaction de la conscience. Lorsque la conscience n'éveille aucun signal, c'est qu'il n'y a pas de danger dans ce qu'on nous présente. Mais lorsque la conscience trahit un signal négatif, alors la prudence est de mise. Très souvent, en pareil cas, le Seigneur met dans l'intelligence un verset de l'Ecriture ou une parole de sagesse correspondante à la situation. Dans le cas où aucun verset ne vient instamment à la rescousse, et que le sentiment intérieur négatif persiste, alors il faut avancer en tâtonnant, être prêt à s'arrêter en cas d'alerte poussée. C'est-à-dire réduire la marge d'erreur autant que possible afin que les pertes subies soient minimes. Car chaque fois qu'on marche en dehors de la volonté de Dieu, on subit une perte. Cependant, il ne faut pas croire qu'un échec reste définitivement un échec car, par les échecs, Dieu instruit Ses enfants.

Attention, le sentiment intérieur n'a rien à voir avec les sensations, les pulsions et excitations du corps humain, comme on le verra ci-après.

Marcher par l'Esprit n'a rien à voir avec les pulsions, excitations et autres sensations du corps humain

Il faut le redire très fort. De nombreux chrétiens ont été séduits par des histoires de sensations, d'excitations et de pulsions dans le corps. Attribuer ces sensations au Seigneur est un gros risque, voire une erreur. L'Esprit du Seigneur n'est pas logé dans les sens et organes de l'homme. L'Esprit du Seigneur n'est logé que dans l'esprit de l'homme. Nous savons que le lien entre l'esprit de l'homme et les membres du corps humain n'est pas connu même si on situe cet esprit dans la région du cœur biologique.

Le diable est capable de simuler des sensations dans le corps humain pour séduire le chrétien. Le corps humain ne lui est pas inaccessible. Satan est coutumier d'attaques provoquant des maladies. Le Seigneur Jésus Se contentait souvent de chasser un démon et la maladie disparaissait instamment.

L'apôtre Paul raconte qu'il avait eu à subir une écharde dans sa chair à cause d'un ange de Satan. Nous nous souvenons comment le diable frappa Job de lèpre. Le corps physique de l'homme est un champ que le diable investit souvent. Imputer à Dieu une excitation physique du corps, c'est ouvrir le champ à de nombreuses dérives. Personnellement, j'ai rencontré des chrétiens qui fonctionnaient de cette manière. Le moins qu'on puisse dire est que certains se sont retrouvés dans la confusion voire devant un psychiatre.

On marche par l'Esprit **en utilisant principalement l'épée de l'Esprit qui est la Parole de Dieu.** Lorsqu'un message imputé au Seigneur invite à transgresser l'Ecriture, c'est une ruse du diable. Il faut passer outre.

L'épée de l'Esprit ou la Parole de Dieu est l'arme principale du chrétien contre les ruses de l'ennemi. Certains diront : Pourquoi le Seigneur laisse-Il faire ? La réponse nous est fournie par l'Ecriture :

> *«S'il se lève au milieu de toi un prophète ou un visionnaire qui t'annonce un signe ou un prodige, et qu'il y ait accomplissement du signe ou du prodige dont il t'a parlé en disant : Rallions-nous à d'autres*

> *dieux – des dieux que vous ne connaissez pas – et rendons-leur un culte ! Tu n'écouteras pas les paroles de ce prophète ou de ce visionnaire, **car c'est l'Éternel, votre Dieu, qui vous met à l'épreuve pour savoir si vous aimez l'Éternel, votre Dieu, de tout votre cœur et de toute votre âme»*** **(Deutéronome 13:1-3)**.

Ce passage des Ecritures est très instructif car, ici, il y a accomplissement des signes et miracles opérés par le faux prophète ; alors que nous sommes habitués à douter d'un prophète lorsque l'événement annoncé par ses soins ne se réalise pas. Ainsi le problème, dans le cas présent, ne se trouve pas dans le résultat, mais dans le processus : bien que le résultat soit atteint, le prophète a péché en appelant à se rallier aux dieux autres que l'Eternel. Dans ce cas, le prophète et le résultat doivent être ignorés par le chrétien. Cela signifie que l'Ecriture a préséance sur toutes les circonstances. Il est clair que dans l'exemple du faux prophète ci-dessus, le diable a arrangé les circonstances pour séduire les chrétiens. Mais en lisant les Ecritures, le chrétien échappera à la ruse du diable. Autant dire que le Seigneur n'intervient pas souvent parce qu'Il attend que le chrétien se défende en proclamant l'Ecriture. C'est ce qu'Il fit Lui-même lorsqu'Il fut tenté par le diable après avoir jeûné quarante jours : à chaque mention des Ecritures par le diable, Jésus répliquait par : «*D'autre part, il est écrit…*» et le diable capitula car Jésus savait que *le diable ne vient que pour voler et tuer*. Sur cette base, Jésus écarta toutes les propositions du diable malgré une exacte narration des Ecritures par ce dernier.

Si un chrétien reçoit une sensation, une excitation ou une pulsion du corps à la suite de sa prière, et qu'il constate que la parole de Dieu est transgressée, il n'écoutera pas. C'est très clair : Dieu le met à l'épreuve

pour savoir s'il L'aime, de tout son cœur et de toute son âme. On verra donc si ce chrétien adore ses sensations plutôt que Dieu.

Mise au point : Les sensations, pulsions, battements de cœur et autres excitations du corps humain ont souvent accompagné les chrétiens dans leur vie. Mais il faut préciser que ces excitations n'ont jamais été le moteur incitant les chrétiens à agir dans un sens ou un autre, mais plutôt, la conséquence de quelque chose. Souvenons-nous du péché originel. C'est après avoir consommé de l'arbre de la connaissance du bien et du mal qu'Adam et Eve réalisèrent qu'ils étaient nus. La sensation de nudité fut la conséquence de la désobéissance, et non le moteur qui les poussa à désobéir. Quand David fut à deux doigts d'ôter la vie au roi Saül qui le pourchassait, il eut un battement de cœur de réprobation – sentiment intérieur. Ce n'est pas le battement de cœur qui l'incita contre le monarque. Mais le battement de cœur lui fit prendre conscience que l'acte qu'il s'apprêtait à poser était d'une extrême gravité. C'est comme l'adrénaline qui découle d'une situation dramatique. L'adrénaline n'est pas la cause, mais la prise de conscience du danger. C'est pourquoi, imputer à Dieu une intention fondée sur la sensation du corps est une source de confusion que l'ennemi peut exploiter à son avantage. Nous devrions éviter de lui offrir de tels avantages.

Marcher par l'Esprit, c'est marcher par l'épée de l'Esprit qui est la Parole du Seigneur

*«Prenez aussi le casque du salut et **l'épée de l'Esprit, qui est la Parole de Dieu** » (Ephésiens 6:17).*

Pour commencer, disons un mot sur ce que le Seigneur n'apprécie pas : Introduire unilatéralement dans Son église, les traditions humaines supposées vertueuses. Il est vrai qu'en plusieurs millénaires de présence sur terre, l'homme a développé des techniques, méthodes et processus pour rendre son séjour agréable. Mais plusieurs de ces traditions ne sont pas agréées par Dieu. Ce que le Seigneur recommande aux chrétiens, c'est de ne pas s'appuyer sur des méthodes au seul motif que les hommes les ont toujours appliquées avec succès. Le Seigneur attend des chrétiens qu'ils appliquent Ses lois à Lui. Elles sont résumées dans les lois de Moïse et ses amendements. Jésus a apporté des amendements aux lois de Moïse concernant, entre autres, la loi du Talion, la répudiation de la femme et un nouveau commandement : *Aimez-vous les uns les autres.* Sur toute question touchant son vécu sur terre, le chrétien doit appliquer les lois de Dieu et seulement celles-là.

Selon **Ephésiens 6:17**, *marcher par l'Esprit,* c'est obéir aux commandements du Seigneur car la parole de Dieu est *l'épée de l'Esprit.* Même si le monde a réussi à régler un problème quelconque, Dieu exige que Ses enfants adoptent Ses solutions à Lui, selon Ses saints commandements. C'est ainsi que le chrétien passera de la mort à la vie, de la nature humaine à la nature divine (cf. explication plus haut).

Le passage plus global d'**Ephésiens 4:25 à 6:18** précise que *marcher par l'Esprit*, c'est :

- rejeter le mensonge et dire la vérité à son prochain
- éviter de pécher une fois mis en colère
- ne pas donner accès au diable
- ne pas dérober, mais travailler pour aider les autres
- éviter de prononcer des paroles malsaines
- ne pas attrister le Saint-Esprit
- éviter toute amertume, animosité, colère, clameur, calomnie, ainsi que toute méchanceté
- faire preuve de bonté et de compassion
- être des imitateurs de Dieu
- marcher dans l'amour
- éviter toute forme d'inconduite, toute forme d'impureté ou de cupidité
- éviter toute grossièreté, des propos insensés, la bouffonnerie, mais plutôt offrir des actions de grâces
- ne pas se laisser séduire par de vains discours
- ne pas avoir part avec les fils de la rébellion (débauchés, impurs, cupides, idolâtres)
- examiner ce qui est agréable au Seigneur
- n'avoir rien en commun avec les œuvres stériles des ténèbres, mais les dénoncer
- veiller sur sa conduite, non comme des fous, mais comme des sages
- racheter le temps car les jours sont mauvais
- ne pas être sans intelligence, mais comprendre quelle est la volonté du Seigneur
- ne pas s'enivrer de vin, mais être rempli de l'Esprit
- s'entretenir par des psaumes, des hymnes et des cantiques spirituels ; chanter et célébrez le Seigneur de tout son cœur
- rendre toujours grâces pour tout à Dieu le Père, au nom du Seigneur Jésus-Christ
- se soumettre les uns aux autres dans la crainte de Christ
- se soumettre à son mari, comme au Seigneur car le mari est le chef de la femme, comme Christ est le chef de l'Église, qui est Son corps et dont il est le Sauveur
- aimer sa femme, comme le Christ a aimé l'Église

- obéir à ses parents selon le Seigneur, car cela est juste. Honorer son père et sa mère afin d'être heureux et de vivre longtemps sur la terre
- ne pas irriter ses enfants, mais les élever en les corrigeant et en les avertissant selon le Seigneur
- obéir à son maître selon la chair (patron) avec crainte et tremblement, dans la simplicité de cœur, comme au Christ. Les servir de bon gré comme si on servait le Seigneur et non les hommes
- agir avec crainte et tremblement à l'égard des serviteurs (employés) ; s'abstenir de menaces, sachant que leur Maître et le vôtre est dans les cieux et que devant Lui il n'y a pas de considération de personnes
- avoir à ses reins la vérité pour ceinture ; revêtir la cuirasse de justice ; mettre pour chaussures à ses pieds les bonnes dispositions que donne l'Évangile de paix ; prendre, en toutes circonstances, le bouclier de la foi avec lequel on pourra éteindre tous les traits enflammés du Malin ; prendre aussi le casque du salut et **l'épée de l'Esprit qui est la Parole de Dieu**
- Prier en tout temps par l'Esprit avec toutes sortes de prières et de supplications.

Marcher par l'Esprit n'a rien à voir avec des théories sur quand, où, pourquoi et comment. Ce serait rentrer dans des doctrines indigestes pour l'homme simple. Dieu veut la simplicité et l'obéissance dans la pratique, car trop de doctrine déforme la réalité et produit des visionnaires du néant. Marcher par l'Esprit, c'est obéir simplement à Dieu comme tout enfant doit obéir à son père sans l'attrister. Marcher par l'Esprit consiste donc à ne pas attrister le Saint-Esprit qui est en nous – en violant par exemple les prescriptions listées ci-dessus. En cas d'immixtion d'éléments extérieurs, le diable par exemple, le Seigneur donnera au chrétien le moyen de s'en sortir, de distinguer le vrai du faux, ce qui est de Lui et ce qui ne l'est pas **(1 Corinthiens 10:13)**. Si le chrétien ne sait pas distinguer ce qui est du Seigneur et ce qui est du diable, sa vision sera faussée ; on pourrait même douter de la présence du Saint-Esprit au-dedans de ce chrétien. Seule la Lumière de Dieu, le Saint-Esprit, peut distinguer ce qui vient de Dieu et ce qui vient du diable. Les chrétiens ne devraient pas avoir honte de se poser la question de la présence réelle ou non du Saint-Esprit au-dedans d'eux, ni redouter la réponse de Dieu à cette question. Il vaut mieux partir du bon pied, quand le temps est favorable – avant la mort ou le retour du Seigneur – plutôt que fuir en avant et découvrir, des années plus tard, qu'on a toujours dit *"Seigneur, Seigneur..."* sans vraiment Le connaître.

L'apôtre Paul, ce grand exégète de la parole, savait organiser ses épîtres afin d'éviter toute équivoque car, reconnaissons-le, il fut la plupart du temps incompris de ses contemporains, au point que l'apôtre Pierre lui vint en aide (**2 Pierre 3:15**). L'apôtre Paul structurait ses lettres de la même façon : (i) salutation (ii) introduction (iii) explication (iv) conclusion et adieux.

Il est intéressant de noter que les conclusions de Paul débouchaient, tout le temps, sur des aspects pratiques afin que les saints ne s'abandonnent pas aux rêveries et chimères. Essayons d'examiner ces aspects pratiques de l'épître aux Corinthiens à celle aux Hébreux.

Marcher par l'Esprit selon 1 Corinthiens 16:13-14

- Veiller, demeurer fermes dans la foi, être des hommes, se fortifier
- Que parmi vous, tout se fasse avec amour.

Marcher par l'Esprit selon 2 Corinthiens 13:11

- Etre dans la joie, tendre à la perfection, se consoler, avoir une même pensée, vivre en paix.

Marcher par l'Esprit selon Galates 6:1-10

- Redresser le frère fautif avec douceur
- Porter les fardeaux les uns des autres
- Que celui à qui l'on enseigne la parole fasse participer à tous ses biens celui qui l'enseigne
- Ne pas se moquer de Dieu
- Ne pas se lasser de faire du bien
- Pratiquer le bien envers tous, surtout envers les frères en la foi.

Marcher par l'Esprit selon Ephésiens 6:1-18

Voir plus haut.

Marcher par l'Esprit selon Colossiens 4:1-6

- Accorder aux serviteurs ce qui est juste et équitable, sachant que, vous aussi, vous avez un Maître dans le ciel
- Persévérer dans la prière, y veiller avec actions de grâces
- Prier également pour ministres et collaborateurs
- Se conduire avec sagesse envers ceux du dehors. Racheter le temps
- Que votre parole soit toujours accompagnée de grâce, assaisonnée de sel, afin de savoir comment répondre à chacun.

Marcher par l'Esprit selon 1 Thessaloniciens 5:8-22

- Etre sobre : revêtir la cuirasse de la foi et de l'amour, ainsi que le casque de l'espérance du salut
- S'exhorter mutuellement et s'édifier l'un l'autre
- Avoir de la considération pour ceux qui travaillent parmi nous, qui nous dirigent dans le Seigneur et qui nous avertissent. Avoir pour eux la plus haute estime avec amour, à cause de leur œuvre. Etre en paix entre nous

- Avertir ceux qui vivent dans le désordre, consoler ceux qui sont abattus, supporter les faibles, user de patience envers tous
- Que personne ne rende le mal pour le mal ; mais rechercher toujours le bien, soit entre nous, soit envers tous
- Etre toujours joyeux
- Prier sans cesse
- En toute circonstance, rendre grâces
- Ne pas éteindre l'Esprit
- Ne pas mépriser les prophéties ; mais examiner toutes choses, retenir ce qui est bon
- S'abstenir du mal sous toutes ses formes.

Marcher par l'Esprit selon 2 Thessaloniciens 3:1-15

- Prier pour les dirigeants, afin que la parole du Seigneur se répande et soit glorifiée, et afin qu'ils soient délivrés des hommes insensés et méchants ; car tous n'ont pas la foi
- S'éloigner de tout frère qui vit dans le désordre et non selon la tradition que vous avez reçue des dirigeants (...) car si quelqu'un ne veut pas travailler, qu'il ne mange pas non plus
- Ne pas se lasser de faire le bien
- Si quelqu'un n'obéit pas à ce que nous disons dans cette lettre, prendre note de lui et ne pas avoir de relation avec lui, afin qu'il en ait honte
- Ne pas le considérer comme un ennemi, mais l'avertir comme un frère.

Marcher par l'Esprit selon 1 Timothée 6:1-20

- Que les serviteurs estiment leurs propres maîtres dignes de tout honneur, afin que le nom de Dieu et la doctrine ne soient pas calomniés
- Que ceux qui ont des croyants pour maîtres ne les méprisent pas, sous prétexte qu'ils sont frères
- Si donc nous avons la nourriture et le vêtement, cela nous suffira

- Ceux qui veulent s'enrichir tombent dans la tentation, dans le piège et dans une foule de désirs insensés et pernicieux, qui plongent les hommes dans la ruine et la perdition
- Rechercher la justice, la piété, la foi, l'amour, la patience, la douceur
- Combattre le bon combat de la foi, saisir la vie éternelle
- Garder le commandement sans tache, sans reproche, jusqu'à l'apparition de notre Seigneur Jésus–Christ
- Recommander aux riches du présent siècle de ne pas être orgueilleux et de ne pas mettre leur espérance dans des richesses incertaines, mais de la mettre en Dieu qui nous donne tout avec abondance, pour que nous en jouissions
- Faire le bien, être riche en œuvres bonnes, avoir de la libéralité, de la générosité, et s'amasser ainsi un beau et solide trésor pour l'avenir, afin de saisir la vraie vie
- Garder le dépôt, en évitant les discours vains et profanes, et les disputes de la fausse science.

Marcher par l'Esprit selon 2 Timothée 4:2-5

- Prêcher la parole, insister en toute occasion, favorable ou non, convaincre, reprendre, exhorter, avec toute patience et en instruisant
- Etre sobre en tout, supporter les souffrances, faire l'œuvre d'un évangéliste, bien remplir son service.

Marcher par l'Esprit selon Tite 3:1-11

- Etre soumis aux gouvernements et aux autorités, leur obéir, et être prêt à toute œuvre bonne
- Ne médire de personne, être paisible, conciliant, plein de douceur envers tous les hommes
- Eviter les folles discussions, les généalogies, la discorde, les disputes relatives à la loi, car elles sont inutiles et vaines
- S'éloigner, après un premier et un second avertissement, de celui qui cause des divisions, car un tel homme est perverti, pèche et se condamne lui–même.

Marcher par l'Esprit selon Hébreux 13:1-18

- Persévérer dans l'amour fraternel
- Ne pas oublier l'hospitalité ; car en l'exerçant, quelques–uns, à leur insu, ont logé des anges
- Se souvenir des prisonniers, comme si on était en prison avec eux, et de ceux qui sont maltraités comme étant, nous aussi, dans un corps
- Que le mariage soit honoré de tous, et le lit conjugal exempt de souillure. Car Dieu jugera les débauchés et les adultères
- Que votre conduite ne soit pas inspirée par l'amour de l'argent ; se contenter de ses biens actuels, car Dieu lui–même a dit : *Je ne te délaisserai pas ni ne t'abandonnerai*
- Se souvenir des conducteurs qui vous ont annoncé la parole de Dieu ; considérer l'issue de leur vie et imiter leur foi
- Ne pas se laisser entraîner par toutes sortes de doctrines étrangères. Car il est bon que le cœur soit affermi par la grâce, et non par des aliments qui n'ont servi de rien à ceux qui en ont usé
- Par Christ, offrir sans cesse à Dieu un sacrifice de louange, c'est–à–dire le fruit de lèvres qui confessent Son nom
- Ne pas oublier la bienfaisance et la libéralité, car c'est à de tels sacrifices que Dieu prend plaisir
- Obéir à ses conducteurs et leur être soumis. Car ils veillent au bien de nos âmes, dont ils devront rendre compte. Faire en sorte qu'ils puissent le faire avec joie et non en gémissant, ce qui ne serait pas à notre avantage
- Prier pour les dirigeants ; car ils sont convaincus d'avoir une bonne conscience, avec la volonté de se bien conduire à tous égards.

Précision importante : en parcourant les conseils pratiques ci-dessus, certains seraient tentés de dire qu'il est *impossible d'exécuter ces instructions*, ce qui, à première vue, semble particulièrement contraignant pour l'homme naturel. Mais détendons-nous car Dieu ne tient pas un registre comptable des réussites et échecs des chrétiens. Ce qui serait humainement compréhensible n'est pas le mode de fonctionnement du Dieu de la grâce. Il attend des chrétiens qu'ils adoptent les tendances de l'Esprit parce qu'Il a mis Son Esprit en eux. Sans l'Esprit du Christ, non seulement on ne Lui appartient pas, mais aussi il est impossible d'honorer Ses commandements. Si Dieu fonctionnait avec un registre comptable des réussites et échecs, nul doute que le péager des Ecritures n'aurait pas été justifié (**Luc 18:13-14**). L'autre brigand, crucifié avec Christ à Golgotha, non plus. David n'aurait pas été pardonné après son crime d'adultère. Moïse non plus. Car *c'est par grâce qu'on est sauvé, par le moyen de la foi, et cela ne vient pas du chrétien, mais c'est un don de Dieu.* Le mérite ou le salaire récompense une œuvre, et la grâce l'absence d'œuvre méritoire. Dieu sait que les chrétiens auront des faiblesses et pécheront. La force du salut en Christ repose sur le fait que *là où le péché a abondé, la grâce a surabondé.* Le Seigneur nous demande d'avoir une posture de brisement et de contrition, ce qui n'a rien à voir avec un bilan comptable des réussites et échecs. C'est le propre des pharisiens et religieux de tenir de tels registres pour s'en vanter comme le pharisien qui se vantait de donner la dîme de tous ses revenus, et de jeûner deux fois par semaine (**Luc 18:13-14**). Tel n'est pas le propre du Dieu de la grâce. L'apôtre Paul faisait les recommandations ci-dessus parce que le Saint-Esprit était à l'œuvre et non l'homme naturel. En recherchant la perfection, le chrétien sera conduit par le Saint-Esprit à exécuter Ses recommandations. Des échecs seront nombreux, mais en persévérant dans la foi, il parviendra à la perfection, à la gloire de Dieu le Père.

En conclusion, ***marcher par l'Esprit, c'est essentiellement se servir de l'épée de l'Esprit qui est la Parole de Dieu*** ; ce sont des actes simples que la vie de chaque jour rend possibles à tous. On n'a pas besoin de vivre une vie de sanctification dans des grottes, pour fuir un monde corrompu. Ce serait violer la parole du Christ qui, dans Sa dernière prière à Dieu, affirmait : «*Je ne Te prie **pas de les ôter du monde**, mais de les garder du Malin.*» (**Jean 17:15**).

Tous les chrétiens sont exhortés à *marcher par l'Esprit* pour s'affranchir des tendances aussi envahissantes que le monde alentour. C'est ainsi qu'ils maintiendront un cœur brisé et contrit devant Dieu.

PRIER PAR L'ESPRIT

«*Priez en tout temps par l'Esprit*, avec toutes sortes de prières et de supplications. Veillez-y avec une entière persévérance.»
Ephésiens 6:18

«*Mais vous, bien-aimés, édifiez-vous vous-mêmes sur votre très sainte foi, priez par le Saint-Esprit.*»
Jude 1:20

Comme nous l'avons vu dans le chapitre relatif à la *marche par l'Esprit*, prier par l'Esprit est aussi au centre d'une grande confusion alors qu'il n'en est rien. Il suffit de consulter les Ecritures pour s'en rendre compte.

Beaucoup pensent que *prier par l'Esprit*, c'est prier en langues car les langues sont un don de l'Esprit. En toute honnêteté, parler en langues peut être considéré comme une prière par l'Esprit. Mais si l'on s'en tient à cette configuration, l'on passera à côté des éléments essentiels – notons tout de même que, selon l'apôtre Paul, celui qui parle en langues prie avec son esprit et non par l'Esprit (**1 Corinthiens 14:14**).

Tout comme **marcher par l'Esprit,** c'est **marcher par l'épée de l'Esprit** qui est la Parole de Dieu**, prier par l'Esprit,** c'est aussi **prier par l'épée de l'Esprit**. En clair, il s'agit de supplier Dieu selon Sa volonté exprimée dans l'Ecriture. L'Ecriture dit en effet :

> *«Voici l'assurance que nous avons auprès de Lui : Si nous demandons quelque chose **selon Sa volonté**, Il nous écoute. Et si nous savons qu'Il nous écoute, quoi que ce soit que nous demandions, nous savons que nous possédons ce que nous Lui avons demandé»* (**1 Jean 5:14-15**).

Autre traduction :

> *«Voici quelle assurance nous avons devant Dieu : Si nous demandons quelque chose **qui est conforme à Sa volonté**, Il nous écoute. Et si nous savons qu'Il*

nous écoute, nous savons aussi que l'objet de nos demandes nous est acquis» (**1 Jean 5:14-15/ Bible Semeur**).

Selon le verset ci-dessus, Dieu écoute – agrée – notre prière quand nous demandons quelque chose selon Sa volonté à Lui, c'est-à-dire, une volonté parfaitement exprimée dans l'Ecriture. De quelle volonté s'agit-il ? Ses commandements, ni plus ni moins. En parcourant les Ecritures, l'on découvre ce que Dieu demande et ordonne de faire. Dieu est conscient que la chair ne peut Lui plaire. Plutôt que de faire confiance à nos capacités personnelles – charnelles – à honorer les commandements de Dieu, demandons à Dieu de nous aider à les satisfaire, et Il le fera car *ce qui est impossible aux hommes est possible à Dieu. Et «c'est Dieu qui opère en nous le vouloir et le faire selon Son dessein bienveillant»* (**Philippiens 2:13**).

Pour mieux s'en convaincre, revenons aux sources de la Parole pour remarquer que c'est dans le même paragraphe des Ecritures que Paul a dit de prendre l'épée de l'Esprit qui est la Parole de Dieu, et de prier en tout temps par l'Esprit :

> *«Prenez aussi le casque du salut et **l'épée de l'Esprit, qui est la Parole de Dieu. Priez en tout temps par l'Esprit,** avec toutes sortes de prières et de supplications»* (**Ephésiens 6:17-18**).

En exhortant à *prier par l'Esprit avec toutes sortes de prières et de supplications*, Paul va bien au-delà du parler en langues. Les prières en langues sont, par exemple, inopérantes en groupe car personne ne dira Amen à une prière incompréhensible. Les prières de groupe se font avec l'intelligence et non en langues selon qu'il est écrit : «*Dans l'Église, je préfère dire cinq paroles avec mon intelligence, afin d'instruire les autres, plutôt que dix mille paroles en langues*» (**1 Corinthiens 14:19**).

Prier par l'Esprit consiste donc à adresser à Dieu toutes sortes de supplications intelligentes en prenant pour cadre l'Ecriture – Bible. Demandons ce qui est prévu dans les Ecritures et Dieu nous écoutera. Toute autre prière est égoïste et passionnelle. Et nous savons que les prières passionnelles sont rejetées par Dieu selon qu'il est écrit : «*Vous demandez **et vous ne recevez pas, parce que vous demandez mal, afin de tout dépenser pour vos passions**»* (**Jacques 4:3**).

LIBERER PAR L'ESPRIT

Je ne connais personne sur la terre pouvant se prévaloir de la liberté dont Jésus faisait étalage durant Son voyage terrestre. Il interrompit la tempête, marcha sur l'eau, transforma l'eau en vin, ressuscita les morts, délivra les possédés, multiplia le pain, résista au roi Hérode et au clergé Juif laxiste et corrompu. Rien ne Lui résistait en fait. Il était libre, vraiment libre. Il dit d'ailleurs :

> *«Si donc le Fils vous rend libres, vous serez réellement libres»* (**Jean 8:36**).

Libérer des préjugés du monde

La peau, la nationalité, le genre, la culture, le lieu de naissance, le diplôme, la profession et l'habitat sont des signes distinctifs au cœur de nombreux préjugés. Combien de fois avez-vous souffert de ne pas avoir la bonne naissance, la bonne nationalité, le bon faciès ? Pourtant vous étiez conscients d'être à la hauteur du défi à relever. Mais, manque de pot, un élément indépendant de votre volonté s'est invité et vous a éliminé de la compétition. Le chrétien doit se rassurer : Jésus-Christ a triomphé du monde et de tous ses préjugés. Il dit en effet :

> *«Vous (chrétiens) aurez des tribulations dans le monde ; mais prenez courage, **Moi, J'ai vaincu le monde**»* (**Jean 16:33**).

Quel diplôme possédait Joseph, l'hébreu, pour être promu numéro deux de l'Egypte antique, aussi dominant que les Etats-Unis aujourd'hui ?

Pourtant l'Egypte ne manquait pas d'éminents académiciens pouvant assurer la mission de Joseph. N'ont-ils pas inventé les fameuses pyramides qui résistent jusqu'à ce jour, avec leurs momies, trois mille cinq cents ans après leurs constructions ? Joseph n'avait aucun diplôme officiel puisqu'il avait été esclave et prisonnier. Les hébreux de l'époque étaient considérés comme une caste d'intouchables puisque les égyptiens avaient horreur de manger en leur présence (**Genèse 43:32**). L'histoire dit cependant que Joseph sauva l'Egypte d'une terrible famine ainsi qu'une famille nombreuse de soixante-dix personnes, les prémices de la nation d'Israël.

Quel diplôme avait Daniel, l'un des déportés Juifs à Babylone ? Il n'avait aucun diplôme officiel dans une cité étrangère qui, de toutes les façons, n'aurait pas reconnu ce document. Pourtant Daniel devint le troisième personnage de l'Etat le plus puissant du monde de l'époque, sous plusieurs monarques successifs, par son génie.

De nombreux autres cas peuvent être cités tels que David terrassant le géant Goliath, alors qu'il n'était qu'adolescent (sans instruction militaire, il tua Goliath avec la fronde et la pierre) ; Rahab, ex-prostituée à Jéricho, devint l'ancêtre du roi David et de Jésus-Christ. Tous ces exemples devraient rassurer les chrétiens sur leur statut : Ils n'ont pas à s'inquiéter de ne pas réunir les mêmes atouts que ceux du monde. Ils sont spéciaux. Ils possèdent un diplôme que le monde ne possède pas : le Saint-Esprit.

Libérer de la tyrannie des bonnes manières et des effets de mode

Nous devons reconnaître que les bonnes manières sont aussi au cœur des préjugés et discriminations dans le monde. C'est ainsi que les grandes métropoles considèrent les autres cités comme barbares, sauvages, ignorantes, sans classe. Jésus Lui-même fut accusé d'être d'une lugubre cité de Galilée (Nazareth), de manger avec les péagers, de ne pas faire d'ablutions avant les repas – se laver les mains. Toutes ces bonnes manières sont jolies à voir. A l'époque des systèmes féodaux, chaque classe sociale se reconnaissait par un habillement et des rituels particuliers. Mais pour le Seigneur, ces rituels et bonnes manières ne sont pas primordiaux. Les chrétiens sont appelés à se libérer de leur tyrannie. Vous mangez aux heures non indiquées par la tradition humaine ? Pas de problème. Vous voulez célébrer Dieu en dehors des jours de culte ? Sentez-vous libres. Vous voulez manger de la viande lorsque le régime végétarien est de rigueur ? Sentez-vous libres. On vous a dit qu'il faut appliquer telle mesure de précaution avant de vous engager ? Foncez ! Le Seigneur sera avec vous. *Là où est l'Esprit, là est la liberté.* On vous a dit que tel aliment est favorable ou défavorable dans tel contexte ? Laissez-vous guider par l'Esprit et non par les bonnes manières. L'apôtre Paul s'était déjà insurgé contre la tyrannie de ces bonnes manières. Il disait en substance :

> «*Mais maintenant, après avoir connu Dieu, et surtout après avoir été connus de Dieu, **comment retournez-vous à ces faibles et pauvres principes élémentaires auxquels vous voulez à nouveau vous asservir ? Vous observez les jours, les mois, les temps et les années !** Je crains d'avoir inutilement pris de la peine pour vous. Soyez comme moi,*

puisque moi aussi je suis comme vous. Frères, je vous en supplie» (**Galates 4:9-12**).

Parfois, les bonnes manières ont pour but inavoué de subjuguer les gens dociles et manipulables. Il est dommage de trouver ces procédés honteux dans l'Eglise. L'apôtre Paul s'insurgeait encore contre ces méthodes, en de termes sévères, comme ci-après :

> **«*Vous supportez en effet qu'on vous asservisse, qu'on vous dévore, qu'on vous dépouille, qu'on vous traite avec arrogance, qu'on vous frappe au visage ! Je le dis, c'est une honte !»* (2 Corinthiens 11:20-21**).

Les chrétiens sont libres car Jésus les a rendus vraiment libres.

Libérer de la tyrannie des lois de la science

Etant citoyens du royaume des cieux, les chrétiens ne doivent pas être surpris de vivre des situations rarement évoquées dans le monde païen. Il leur arrivera des situations bizarres. Le royaume des cieux étant différent de la terre, que les chrétiens ne soient pas surpris que les lois de la science n'opèrent pas toujours devant eux. En multipliant le pain, transformant l'eau en vin, marchant sur l'eau, Jésus montrait que les lois de la science ne s'imposaient ni à Lui ni au royaume des cieux. C'est-à-dire que les lois de la science ne prévalent pas sur l'Eglise de Jésus-Christ.

En interrompant la tempête, Jésus montrait qu'Il était plus compétent que toutes les stations météo de la terre. Ces dernières peuvent tout au plus prévoir une tempête et la température, mais jamais a-t-on appris que la météo avait stoppé un ouragan.

Les chrétiens ne doivent pas s'enfermer dans les frontières de la science car le Seigneur est au-dessus de la science.

Libérer de la tyrannie des jours, des lieux et repas saints

L'homme est naturellement porté vers la religion. Certains estiment que cette religiosité vient combler le vide laissé dans la vie d'Adam et Eve après la rupture d'avec Dieu. C'est cependant une réalité que l'homme est religieux et superstitieux. Cela explique pourquoi, malgré l'appel de Jésus et de Ses apôtres à ne pas ériger des jours, lieux et repas saints, les chrétiens persistent à le faire. Voyons ce que disait Jésus durant Son voyage terrestre :

> «L'*heure vient où* **ce ne sera ni sur cette montagne,
> ni à Jérusalem que vous adorerez le Père.** (...)
> *Mais l'heure vient – et c'est maintenant – où* **les**

> *vrais adorateurs adoreront le Père en esprit et en vérité ; car ce sont de tels adorateurs que le Père recherche. Dieu est esprit, et il faut que ceux qui L'adorent, L'adorent en esprit et en vérité»* (**Jean 4:21-24**).

Selon la loi de Moïse, tout Juif avait l'obligation de prier la face tournée vers Jérusalem, la ville sainte. Les célébrations prévues par la loi ne se faisaient qu'à Jérusalem. C'est pourquoi, ces solennités étaient des occasions de regroupement des Juifs de la diaspora à Jérusalem. Outre Jérusalem, les jours desdites célébrations étaient aussi des jours saints.

Mais Jésus est venu annoncer que la Jérusalem terrestre n'était plus une ville spéciale aux yeux du Père ni aucun autre endroit de la terre. Pour le Père, Ses adorateurs devraient L'adorer en esprit et en vérité, peu importe l'endroit : montagne, vallée, New York, Moscou, Shanghai, Paris, Douala, oasis, désert, brousse, salon, chambre, cave, prison, etc. Jésus a donc libéré les chrétiens de la tyrannie des lieux et jours saints.

Jésus a en fait libéré les chrétiens de toutes les tyrannies du monde, notamment les repas saints. Interrogé sur la question, l'apôtre Paul répondit :

> *«Je sais et je suis persuadé dans le Seigneur Jésus, que **rien n'est impur en soi** ; mais si quelqu'un estime qu'une chose est impure, alors elle est impure pour lui»* (**Romains 14:14**).

> ***«Que personne ne vous juge à propos de ce que vous mangez et buvez, ou pour une question de fête, de nouvelle lune, ou de sabbats*** *: tout cela n'est que l'ombre des choses à venir, mais la réalité est celle du Christ* (**Colossiens 2:16-17**).

> *«Si vous êtes morts avec Christ aux principes élémentaires du monde,* ***pourquoi, comme si vous viviez dans le monde, vous laissez-vous imposer ces règlements : Ne prends pas ! Ne goûte pas ! Ne touche pas !*** *Toutes choses vouées à la corruption par l'usage qu'on en fait ? Il s'agit de préceptes et d'enseignements humains, qui ont, il est vrai, une apparence de sagesse, en tant que culte volontaire, humilité et rigueur pour le corps,* ***mais qui ne méritent pas d'honneur*** *et contribuent à la satisfaction de la chair»* (**Colossiens 2:20-23**).

Le chrétien est donc libéré de la tyrannie des jours, des lieux et repas saints.

Concrètement, vous pouvez manger le porc quand les gens l'estiment impur, en évitant cependant de les provoquer – faites-le donc à l'abri des regards. Vous pouvez manger de la viande de bœuf dans un monde de végétariens.

Pour l'amour des faibles, cependant, celui qui estime un jour, un lieu ou un repas saint, qu'il le fasse librement pour Dieu, sans l'imposer aux autres. Cela évitera des conflits inutiles (**Romains 14:5-6**).

Le Seigneur sait que les apparences sont trompeuses. Qu'est-ce qui distingue un vrai chrétien du plus grand sorcier travesti en chrétien ? Rien. L'Ecriture même reconnaît que le diable peut se travestir en ange de lumière. En nous débarrassant de la tyrannie des jours, lieux et repas saints, le Seigneur nous permet en fait de vivre sans pression, détendus. Il ne veut plus de caricatures d'adorateurs, d'adorateurs du dimanche, d'adorateurs des montagnes ou grottes. Il veut des adorateurs en esprit et en vérité pour Son Père.

Libérer pour tout apprendre

N'avez-vous pas été barrés d'une carrière professionnelle parce que vous n'aviez pas les diplômes requis ? Plusieurs ont en effet subi cette discrimination. Il faut habituellement une base scientifique solide pour suivre une formation professionnelle technique comme l'électricité, l'informatique, la médecine, l'aéronautique, etc.

Loin de nous d'affirmer que les systèmes humains de sélection ne sont pas bons. Au contraire, ils le sont. Ce que nous voulons dire est que le Seigneur conseille à Ses enfants de ne pas se décourager s'ils n'ont pas le diplôme de base pour un métier. Il s'agit bien d'apprentissage d'un métier.

Il existe en effet des filières diplômantes strictes. Mais il existe de nombreuses autres possibilités d'apprendre un métier sans passer par la filière diplômante classique. Il s'agit de l'autodidactisme. Que les chrétiens se sentent libres d'apprendre ce qui leur semble digne d'intérêt.

Croyez-moi, il existe de nombreux métiers qui ne requièrent pas de diplôme. Les chrétiens n'auront que l'embarras du choix. Mais toujours est-il que si le Seigneur met au cœur du chrétien de se former, qu'il ait ou non le diplôme requis, ce chrétien doit remercier le Seigneur et Lui demander comment procéder. Le Seigneur lui indiquera la procédure. Il existe en effet de nombreuses équivalences de diplômes. Le Seigneur les connaît toutes, même si le monde les ignore ou feint de les ignorer.

Le chrétien est libre de profiter de toutes les opportunités offertes pour se former, quel que soit le domaine. La musique est un terrain où de nombreux chrétiens exercent leurs talents sans forcément avoir le diplôme requis. Peut-être parce qu'en matière musicale, l'inspiration est plus sollicitée qu'autre chose ; et l'inspiration n'est pas tributaire du diplôme. Toutefois si en musique, l'on peut progresser sans diplôme, de nombreux autres secteurs peuvent le permettre. Il faudra probablement plus d'effort pour l'autodidacte – ce n'est pas une certitude – mais à la fin, il y parviendra.

Que les chrétiens se sentent libres de tout apprendre selon leur désir et disponibilité. Tout. Avec le Seigneur Jésus-Christ, tout est possible.

NE PAS ATTRISTER LE SAINT-ESPRIT, SURTOUT PAS !

«N'attristez pas le Saint-Esprit de Dieu, par Lequel vous avez été scellés pour le jour de la rédemption»
Ephésiens 4:30

«Mais quiconque blasphème contre le Saint-Esprit n'obtiendra jamais de pardon : il est coupable d'un péché éternel»
Marc 3:29

Le Saint-Esprit a un ministère discret car Il est invisible, contrairement à l'Ange de l'Eternel qui se rendait visible aux patriarches, au Seigneur Jésus-Christ qui annonçait l'évangile dans un corps semblable au nôtre. Dieu S'est fait représenter par l'Ange (visible) de l'Eternel ; Jésus-Christ est venu révéler l'Evangile de Dieu dans un corps humain visible. Mais le Saint-Esprit est un Acteur invisible. Et les acteurs invisibles agissent dans la discrétion. L'action du Saint-Esprit est donc discrète et moins tapageuse. Nul ne peut matérialiser le Saint-Esprit car Il est invisible.

En passant le relai au Saint-Esprit, dans la poursuite de Son œuvre post-crucifixion, Jésus-Christ adresse une mise en garde aux chrétiens afin qu'ils n'attristent pas un Acteur aussi discret que le Saint-Esprit. Jésus, parce qu'Il était visible, pouvait Se faire invectiver et rouspéter. A chaque fois, Il répondait et clarifiait. Ce fut le cas, par exemple, lorsque Pierre s'inquiéta vivement de savoir qui pouvait être sauvé si cela était impossible aux hommes. Ou lorsque Pierre déclara bruyamment qu'il était prêt à mourir pour protéger Jésus-Christ contre les pharisiens.

Nul ne peut rouspéter le Saint-Esprit qui, Lui, est invisible. Cette réalité impose aux chrétiens d'être discrets et sérieux dans leur sanctification, car ils ont affaire à un Acteur discret. Voici le point essentiel : Lorsqu'on fâche une personne visible, on peut noter sur son visage ou sa gestuelle à quel point elle a été affectée, et aviser en conséquence. Mais si l'on fâche le Saint-Esprit, nous n'avons aucune indication de la faute commise. C'est après un délai conséquent que l'on peut déduire que le Saint-Esprit avait été attristé. Ce fut le cas du roi d'Israël Saül dont le contact avec Dieu fut interrompu après qu'il fit des sacrifices en lieu et place du prophète Samuel. En revanche, Dieu parla continuellement à David, successeur de Saül. Dieu permit même que David, encore inconnu, joue de la harpe pour délivrer le roi Saül de ses tourments.

Le Saint-Esprit résidant dans l'esprit de l'homme (cœur spirituel), L'attrister revient à aller contre son propre cœur. Jésus a dit, "*Là où il y a ton trésor, **là sera ton cœur**"*, une façon d'accorder au cœur de l'homme une très grande importance, voire la plus grande. Jésus a encore dit "*C'est du cœur que viennent les mauvaises pensées, meurtres, adultères, prostitutions, vols, faux témoignages, blasphèmes*" (**Matthieu 15:19**). Le cœur est un organe cher à Dieu. Celui qui tient son cœur en parfait état, tient son âme sous contrôle. Attrister le Saint-Esprit, qui réside dans la région du cœur, revient à se priver d'un important Soutien pour le cœur. Pas seulement un Soutien, mais aussi un Médecin car le Saint-Esprit a reçu du Seigneur la mission de nous délivrer de la terrible maladie de l'ignorance. Imaginer un cœur à l'abandon, c'est ouvrir la porte à toutes sortes de perversions selon **Matthieu 15:19**, et encourir des jugements sévères dans le présent siècle et à la fin des temps.

VIE PRATIQUE AVEC LE SAINT-ESPRIT

Le chrétien est toujours porté vers les choses d'en haut

«Si donc vous êtes ressuscités avec le Christ, **cherchez les choses d'en haut**, *où le Christ est assis à la droite de Dieu. **Pensez à ce qui est en haut, et non à ce qui est sur la terre***» **Colossiens 3:1-2**.

*«Mais si vous avez dans votre cœur une jalousie amère et de la rivalité, ne vous glorifiez pas et ne mentez pas contre la vérité. **Cette sagesse n'est pas celle qui vient d'en haut ; mais elle est terrestre, charnelle, démoniaque** (...) La sagesse d'en-haut est d'abord pure, ensuite pacifique, modérée, conciliante, pleine de miséricorde et de bons fruits, sans partialité, sans hypocrisie*» **Jacques 3:14-17**.

Que les chrétiens arrêtent de se blâmer comme s'ils étaient des imposteurs. Qu'ils n'aient pas peur d'afficher leur statut dans ce monde, statut rappelé par Jésus-Christ et repris par Ses saints apôtres, de Paul à Jacques, comme ci-dessus. Jésus a bien affirmé que les chrétiens n'étaient plus de ce monde (**Jean 17:14-16**). Par cette déclaration, Jésus annonçait la couleur. Les chrétiens doivent s'interroger sur la portée de cette déclaration. Que signifie réellement *ne plus être de ce monde* ? Il est fort dommage que les chrétiens n'accordent pas aux saintes Ecritures le même temps de réflexion qu'aux autres sujets de la vie. De nombreux chrétiens ont un permis de conduire après un examen théorique et pratique. L'on sait ce que cela demande comme effort d'apprentissage et de mémoire pour réussir cet examen. Mais plusieurs de ces chrétiens sont incapables de mémoriser les versets essentiels de la Bible. Le jugement du Seigneur envers ces chrétiens sera sévère. Les chrétiens se contentent de passer sur les saintes Ecritures comme s'ils avaient affaire à un livre de contes, ou à une musique monotone. Cela est triste et condamnable.

Les chrétiens doivent vivre la vie chrétienne telle que voulue par le Seigneur et rappelée par les apôtres. De Paul à Jacques, un dénominateur commun apparaît : **les choses d'en haut**. Autant dire ceci : bien que vivant sur terre, les chrétiens doivent consacrer pensées et intérêts aux choses d'en haut, et en faire une préoccupation de tous les instants. L'apôtre Paul s'écrie «*Pensez à ce qui est en haut, et non à ce qui est sur la terre*» tandis que Jacques se plaint de cette «*sagesse qui n'est pas d'en haut ; mais terrestre, charnelle, démoniaque*».

Le monde vous prendra certainement pour un débile mental. Qu'importe, les chrétiens doivent garder le cap. Jésus dit : «*Là où est ton trésor, là est ton cœur*». Par cette phrase, le Seigneur appelait Ses disciples à rechercher les choses d'en haut, à ne pas amasser leurs trésors sur la terre, lesquels sont exposés au vol, aux vers et à la rouille (**Matthieu 6:19-20**).

Le chrétien doit assumer le fait de mener une vie en déphasage par rapport au monde. Les conséquences de cette vie ne le regardent pas. Jésus-Christ assumera et prendra tout sur Lui. Le drame de beaucoup de chrétiens est d'anticiper les conséquences de leurs actes dans ce monde, le qu'en dira-t-on de la nuée de témoins environnants. Tel ne doit pas être leur problème. Ils doivent se contenter de mener une vie conforme à la volonté de Dieu. Dieu assumera les conséquences de leur consécration.

L'apôtre Paul précise :

> *«Faites donc mourir votre nature terrestre : l'inconduite, l'impureté, les passions, les mauvais désirs et la cupidité qui est une idolâtrie. (...) Ne mentez pas les uns aux autres, vous qui avez dépouillé la vieille nature avec ses pratiques et revêtu la nature nouvelle qui se renouvelle en vue d'une pleine connaissance selon l'image de Celui qui l'a créée»* (**Colossiens 3:5-10**).

La conclusion de l'apôtre indique qu'aucun chrétien n'est exonéré de cette exigence de sanctification. En effet : *«Il n'y a là **ni Grec ni Juif, ni circoncis ni incirconcis, ni barbare ni Scythe, ni esclave ni libre** ; mais Christ est tout et en tous»* (**Colossiens 4:1**).

Tout déposer aux pieds du Seigneur

De nombreux chrétiens trouvent difficile de tout remettre entre les mains du Seigneur, surtout lorsqu'ils font face à un problème épineux. Le monde nous a habitués à nous battre avec différents moyens au nombre desquels : l'école, l'expérience et les circonstances. Il n'est pas fréquent d'entendre quelqu'un en difficulté dire qu'il va prier. Il prend le problème à bras le corps comme dit l'adage : *battre le fer quand il est chaud.*

Tout remettre entre les mains du Seigneur consiste à Lui adresser des prières et Lui faire entièrement confiance pour la suite. Ne pas oublier, mais rester attentif. Cela est difficile pour les païens, mais non pour les chrétiens, à condition que ces derniers croient vraiment que le Seigneur Dieu les sortira d'une situation compliquée et mal engagée.

Les chrétiens qui se battent avec les armes de la chair n'enregistrent que des défaites. Ceux qui remettent tout au Seigneur triomphent. Ceux qui se battent avec les armes de la chair – l'école et l'expérience – s'attribueront la gloire en cas de succès. Tandis que ceux qui remettent tout au Seigneur, reconnaitront tout le mérite au Seigneur et seulement Lui. C'est pourquoi ceux-ci triomphent alors que les chrétiens charnels échouent.

Le diable attaquera et fera tomber les chrétiens qui rechignent à tout déposer aux pieds du Seigneur. Supposons qu'un chrétien mène une existence à succès : bon salaire, jolie maison, une femme et des enfants à qui tout réussit. Dans l'esprit de ce chrétien, c'est la norme. Imaginons alors que tout s'écroule autour lui : perte d'emploi, surendettement, loyers difficilement honorés. Il est fort possible que l'unité familiale prenne un coup si l'incompréhension augmente au sein du foyer. Faut-il essayer des raccourcis pour tenir ferme ? Faut-il vendre son âme au diable comme font de nombreux païens ? C'est ici la persévérance des saints : tout confier au Seigneur et accepter ce qui adviendra, le cœur toujours joyeux, sans inquiétude, afin d'humilier Satan, l'accusateur des chrétiens et l'auteur de tous leurs malheurs. Si le Seigneur veut qu'un chrétien mène une existence à contrecourant du grand standing, que le chrétien accepte sans broncher. C'est son sort voulu par le Seigneur. Il n'a pas à mener un standard élevé pour suivre l'air du temps, là où le monde pense qu'il y a les princes et les autres. Le Seigneur peut bien humilier le chrétien, histoire de lui apprendre à vivre par la foi en conditions difficiles. Que ce chrétien ne s'imagine pas qu'il est puni pour une faute grave. Job ne commit aucune faute, pourtant le diable le traita comme une vomissure. A la fin, Job triompha et le nom de Dieu fut glorifié à la honte du diable.

Le cœur nouveau selon Dieu

> *«Que **votre cœur** ne se trouble pas et ne s'alarme pas»* **Jean 14:27**.

> *«Soyez toujours joyeux (...) En toute circonstance, rendez grâces ; car telle est à votre égard la volonté de Dieu en Christ-Jésus»* **1 Thessaloniciens 5:16 ; 18**.

Je me suis rendu compte qu'en demandant aux chrétiens de tout déposer à Ses pieds, le Seigneur contribuait à la santé de ceux-ci. Souvenons-nous de la déclaration de Jésus : *«Car c'est du cœur que viennent les mauvaises pensées, meurtres, adultères, prostitutions, vols, faux témoignages, blasphèmes»* (**Matthieu 15:17**). Le cœur est un lieu de vie qui régule le sang dans le corps. Le cœur joue ainsi un rôle central dans le maintien d'un corps en parfaite santé. Lorsqu'il est surchargé, le cœur fonctionne mal. On a l'habitude d'attribuer l'épithète 'cardiaque' à la maladie du cœur. En toute honnêteté, quand le cœur souffre, tout le corps humain souffre. Tous les organes internes du corps fonctionnent alors au ralenti.

En revanche, un cœur en bonne santé rend le corps léger et souple. De nombreuses infections mal soignées peuvent fragiliser le cœur à long terme. Mais il y a d'autres menaces beaucoup plus redoutables encore : les soucis de la vie. Par exemple, de mauvaises nouvelles sur une base régulière, une succession de contreperformances que les humains appellent 'malchance'. Chez les personnes âgées ou les âmes sensibles, une succession de mauvaises nouvelles affecte la santé du cœur avec des conséquences désastreuses sur l'état global du corps.

En exhortant les chrétiens à tout déposer à Ses pieds, Jésus épargne à ces derniers les soucis décrits ci-dessus. Parlant d'un chrétien dont je connaissais le niveau de sanctification, son médecin traitant affirma que le cœur de ce chrétien était celui d'un sportif de haut niveau. Une façon de dire que le pouls de ce chrétien ne variait pas au fil des ans. Or ce chrétien ne pratiquait aucun sport à ma connaissance. Il prenait cependant plaisir à tout confier au Seigneur. Ce qui avait le malheur d'irriter ses contemporains qui estimaient que ce chrétien ne se bougeait pas assez face aux problèmes alentour.

C'est là le problème de nombreux chrétiens. Ils croient que c'est au bout de l'effort humain qu'il y a une solution. Le Seigneur dit que c'est au bout de la foi que le chrétien trouvera les solutions à ses problèmes, et le repos de l'âme.

Poursuivons l'exhortation de Paul dans **Colossiens 3** :

> «**3:12** *Ainsi donc, comme des élus de Dieu, saints et bien-aimés,* **revêtez-vous d'ardente compassion, de bonté, d'humilité, de douceur, de patience.**
>
> **3:13 Supportez-vous les uns les autres et faites-vous grâce réciproquement** *; si quelqu'un a à se plaindre d'un autre, comme le Christ vous a fait grâce, vous aussi, faites de même.*
>
> **3:14** *Mais par-dessus tout,* **revêtez-vous de l'amour qui est le lien de la perfection.**
>
> **3:15 Que la paix du Christ, à laquelle vous avez été appelés pour former un seul corps, règne dans vos cœurs.** *Soyez reconnaissants.*
>
> **3:16 Que la parole du Christ habite en vous avec sa richesse,** *instruisez-vous et avertissez-vous réciproquement, en toute sagesse, par des psaumes, des hymnes, des cantiques spirituels ; sous l'inspiration de la grâce, chantez à Dieu de tout votre cœur»* (**Colossiens 3:12-16**).

Ces paroles d'exhortation s'adressent à des chrétiens '*sans problème*'. Non pas que ces chrétiens n'aient pas de problème dans leur vie, mais parce que ces chrétiens ont pris l'habitude de tout remettre entre les mains du Seigneur.

En disant *«Que votre cœur ne se trouble point»*, Jésus indique qu'Il tient à ce que les chrétiens aient un cœur en parfaite santé, c'est-à-dire le corps tout entier. Ainsi, quand le cœur spirituel est en bonne santé, le cœur biologique ne tarde pas à suivre la tendance, ainsi que le corps humain tout entier.

Le chrétien est un rempart contre la destruction du monde par le diable

*«La terre était corrompue devant Dieu, la terre était pleine de violence. Dieu vit que la terre était corrompue ; **car toute chair avait une conduite corrompue sur la terre.** Alors Dieu dit à Noé : J'ai décidé de mettre fin à tous les êtres vivants ; **car la terre est pleine de violence à cause d'eux ;** Je vais donc les détruire avec la terre»* (**Genèse 6:11-13**).

*«**Les gens de Sodome étaient fort mauvais et pécheurs envers l'Éternel**»* (**Genèse 13:13**). *«Alors l'Éternel fit pleuvoir du ciel sur Sodome et sur Gomorrhe **du soufre et du feu venant de l'Éternel**»* (**Genèse 19:24**).

*«Vous (israélites) ne suivrez pas les principes des nations que Je vais chasser devant vous ; **car elles***

> **ont commis toutes ces actions et J'en ai été dégoûté»** (**Lévitique 20:23**).

Ne soyons pas surpris que le monde ne pense presque jamais à Jésus, excepté les jours de Noel, Pacques et autres jours fériés de la chrétienté. Ne soyons pas surpris que même les chrétiens s'étonnent, le soir venu, que toute une journée se soit écoulée sans une pensée pour le Seigneur Jésus-Christ. Comment en effet peut-on oublier la présence de Celui qui, par Son Esprit en nous, nous accompagne chaque jour jusqu'à la fin du monde ?

Ne cherchons pas longtemps la réponse à ces différentes questions. C'est le prince de la puissance de l'air, Satan, qui aveugle l'intelligence des humains. Le but de Satan est d'éloigner le plus possible les hommes et les femmes du Christ. L'une de ses devises est «Tout sauf Christ».

Comment Dieu peut-Il être ignoré sur la terre qu'Il a créée ? Pourtant, c'est ce que le diable tient à perpétuer. La raison est qu'en éloignant les humains du Christ, ces derniers vont multiplier les actes contraires à la volonté de Dieu, telle la divination par laquelle on adore d'autres dieux à côté du véritable, le seul vrai Dieu.

Le diable garde en souvenir certains événements tragiques qui ont endeuillé l'humanité. Il s'agit notamment du déluge qui supprima toute la race humaine sauf huit personnes : Noé, sa femme, ses trois fils et ses trois belles-filles. L'Ecriture mentionne aussi Sodome et Gomorrhe, cette cité antique qui fut consumée par le feu et d'où n'échappèrent que trois personnes : Loth et ses deux filles vierges. Ces deux tragédies se produisirent parce que les humains multipliaient des actes abominables à la face du Très-Haut.

Toujours dans l'histoire, l'Ecriture évoque la raison pour laquelle les cananéens furent chassés de leur territoire au profit des israélites : ils multipliaient des actes abominables devant Dieu. Ce fut la même raison qui entraîna la déportation des fils d'Israël en Assyrie et à Babylone, dans d'atroces souffrances : famine, peste, mutilations, éventrations, tueries, abus, dévastations, destructions, pauvreté, etc.

Plus les hommes multiplient les abominations sur la terre, plus la colère de Dieu s'enflamme avec des conséquences terribles. Le diable ne le sait que trop bien. L'histoire lui donne raison. Souvenons-nous du plan du prophète corrompu Balaam pour attirer la malédiction divine sur les israélites, et plomber leur campagne de conquête de la terre promise. Le prophète incita les Moabites à compromettre les israélites dans la débauche et la consommation des viandes sacrifiées aux idoles :

> *«Tu as là des gens qui maintiennent la doctrine de Balaam : il enseignait à Balaq à faire en sorte que les fils d'Israël trouvent une occasion de chute en mangeant des viandes sacrifiées aux idoles et en se livrant à la débauche»* (**Apocalypse 2:14**).

Etant la lumière du monde, le chrétien devient un rempart contre les plans d'extermination du diable. Le chrétien doit comprendre que sa foi est un facteur que Satan redoute car elle fait échouer ses plans. Satan ne restera pas les bras croisés face aux chrétiens. Aussi multiplie-t-il des actes d'intimidation à l'égard de ces derniers. L'une des méthodes utilisées par le diable est de traiter les chrétiens de ringard, en les convainquant que la Bible relève d'une époque révolue et qu'aujourd'hui, c'est l'ère d'Internet, des satellites, de la modernité tous azimuts.

Le chrétien ne doit pas se laisser intimider par l'entourage qui prendra plaisir à le traiter de fou. Ils sont nombreux, les chrétiens qui se terrent dans leur réduit par peur d'être traités de fous. En demandant aux chrétiens de porter leur croix, Jésus-Christ savait que ces tristes occasions se multiplieraient. Le chrétien doit tenir ferme malgré l'adversité, la honte et l'humiliation venant du monde alentour. Qu'il ne baisse surtout pas les bras car c'est ce que Satan recherche avant tout. La persévérance amènera les chrétiens à triompher de toute forme d'adversité.

A cause de la présence de Loth, Dieu mit des gangs. Il s'assura d'abord que Loth, neveu d'Abraham, fût en sécurité avant de brûler Sodome et Gomorrhe. C'est une habitude du Très-haut. Il met toujours Ses saints en sécurité avant de S'attaquer à une cité rebelle.

La présence d'un chrétien dans une cité, une entreprise, un organisme, un lieu concourt à sécuriser l'endroit, ce qui irrite Satan le destructeur.

Les chrétiens sont donc appelés à poursuivre une sanctification sans faille afin de préserver un lieu, une entreprise, etc. Il est vrai qu'à la fin des temps, Dieu enverra Ses anges enlever les saints, au son de la trompette, avant de détruire pour toujours le monde impie actuel.

Mais en attendant, les chrétiens sont invités à se sanctifier avec sérieux et à persévérer dans cette voie.

Les chrétiens sont des créatures merveilleuses

> *«Je (David) Te célèbre ;* **car je suis une créature merveilleuse**. *Tes œuvres sont des merveilles, et mon âme le reconnaît bien»* **Psaumes 139:14**.

Ces propos furent tenus par David, roi d'Israël, à l'époque du sacerdoce lévitique à laquelle l'Ecriture prête une valeur purement symbolique. Le sacerdoce lévitique fut donné aux fils d'Israël en attendant le sacerdoce parfait, celui de Jésus-Christ. On peut donc dire que les croyants de l'ère chrétienne ont plus de valeur – à cause de leur sacerdoce supérieur – que les croyants de l'ère lévitique.

Si donc David reçut en Esprit qu'il était une créature merveilleuse, à combien plus forte raison, les chrétiens d'aujourd'hui le seront-ils, voire davantage.

Le chrétien ayant l'Esprit de Dieu en lui, comment ne serait-il pas une créature merveilleuse ? Parce que Jean Baptiste fut le prophète ayant préparé l'arrivée du Seigneur sur la terre, Jésus-Christ le décrit comme le plus grand parmi ceux qui sont nés de femmes avant lui. Serions-nous donc gênés d'apprendre que les chrétiens sont des créatures merveilleuses en raison de la présence du Saint-Esprit en eux ? Loin de là. Nous l'affirmons sur la base des Ecritures que les chrétiens sont des créatures merveilleuses.

De cette vérité, d'autres devraient suivre. En tant que créatures merveilleuses, les chrétiens devraient s'en tenir aux règles de sanctification définies par les Ecritures, d'un chapitre à l'autre.

Soyons honnêtes pour dire que le commandement de Dieu n'est pas facile à observer. Non que cela soit impossible – car la difficulté est allégée par l'Esprit Saint au-dedans du chrétien –, mais c'est le regard du monde alentour qui est difficile à vivre. Disons-le sans hésitation, de nombreux chrétiens ont honte d'afficher ouvertement leur foi par crainte d'être traités de ringards par le monde.

En tant que créature merveilleuse, le chrétien dispose d'un arsenal impressionnant pour relever tous les défis qui se poseront à lui. Dieu ne lui a-t-Il pas dit de ne s'inquiéter de rien car ce sont les païens qui s'inquiètent des choses de la terre ? Mais en toutes choses, le chrétien est invité à rendre grâce, puis à présenter toutes sortes de requêtes à Dieu qui saura l'exaucer au-delà de ce qu'il peut imaginer.

Le Saint-Esprit rend toujours joyeux

«Réjouissez-vous toujours dans le Seigneur ; je le répète, réjouissez-vous» **Philippiens 4:4**.

«Soyez toujours joyeux» **1 Thessaloniciens 5:16**.

En parcourant ces propos de l'apôtre Paul, le chrétien honnête est fortement tenté de se demander si l'auteur mesurait bien ses propos dans ce monde où, comme Paul le reconnaissait lui-même par ailleurs, les chrétiens sont régulièrement livrés à l'abattoir comme des brebis qu'on tond (**2 Corinthiens 4:8-11**). Comment peut-on être joyeux dans ce monde ? La recommandation de l'apôtre n'est-elle pas surréaliste ? En apparence, on serait forcé de l'avouer, mais en vérité, comme on le découvrira ci-après, l'apôtre traduisait le sentiment de Dieu envers Ses enfants qu'Il chérit. Les chrétiens doivent toujours être joyeux.

Qui croyons-nous être pour recevoir l'Esprit de Dieu dans le vase de terre qu'est l'homme ? Qui croyons-nous être pour nous voir invités à nous asseoir sur le Trône de Dieu (**Apocalypse 3:21**) ? Dieu a-t-Il honte de porter l'homme en si grande estime ? C'est un mystère. Cependant les Ecritures sont claires : le chrétien a beau être intimidé par ceux du dehors, son Dieu le prend en grande estime au point de lui réserver une place sur Son glorieux Trône. Et c'est ce qui compte. En déposant Son Esprit Saint dans le chrétien, Dieu prouve qu'Il a de l'estime pour lui. C'est un fait qui dépasse toutes les formules et démonstrations.

Imaginez que dans votre quartier, les gens aient pris l'habitude de vous regarder de haut, estimant que vous êtes d'une importance très relative. Par cette attitude, vous finissez par vous convaincre que vous n'êtes pas grand-chose. Imaginez que par la suite, le gouverneur, de passage dans votre quartier, s'arrête cinq minutes chez vous, au su et au vu de tous. Que croyez-vous que sera désormais l'attitude des gens à votre égard ? Bien que votre situation n'ait pas changé, les gens auront désormais une autre perception de vous. Ils penseront que ce n'est pas un hasard si le gouverneur s'est arrêté chez vous au vu de tous. Dès cet instant, ils cesseront de vous regarder de haut. C'est ce qui s'appelle : se réconcilier avec la vérité. Si à vos propres yeux, vous ne vous considériez pas comme valeur significative, le geste du gouverneur est la preuve du contraire, une vraie démonstration.

Si Dieu a estimé que le chrétien était fondé à abriter Son Esprit, le chrétien n'a plus à se considérer comme sans valeur. Il est hautement estimé par Dieu. Mieux, le chrétien a sujet de se féliciter et de se réjouir. Autant l'homme de l'anecdote ci-dessus se vantera d'avoir reçu le gouverneur, ne serait-ce qu'une poignée de minutes, autant le chrétien doit se réjouir de recevoir l'Esprit de Dieu, pas pour une poignée de minutes seulement, mais pour l'éternité.

Le chrétien doit sans cesse se réjouir. Le chrétien peut toutefois invoquer les circonstances peu favorables pour justifier son apathie, si par exemple il essuie des insultes au milieu des tribulations. Mais le Seigneur l'invite à tout remettre entre Ses mains et à se réjouir. Si le chrétien prenait à cœur tout ce qu'il subit de la part du monde, il ne tiendrait pas. Son cœur se fragiliserait, entraînant avec lui le reste du corps. Ceux qui ont un cœur fragile ne tarderont pas à voir leur santé globale décliner.

Parlant du monde, Jésus a dit : «*S'ils M'ont rejeté, ils vous rejetteront*». «*Ce n'est pas vous qu'ils rejettent, c'est Moi qu'ils rejettent*». Par ces propos, Jésus invite les chrétiens à ne pas prendre à cœur toutes les frustrations qu'ils vivront en tant que fils de Dieu. Autrement, leurs cœurs ne tiendraient pas.

En remettant toutes les frustrations entre les mains du Seigneur, le cœur s'allège et retrouve toute son élasticité et sa vigueur. Le chrétien n'est pas responsable des conséquences de son choix de suivre le Seigneur. C'est au Seigneur Jésus-Christ de gérer lesdites conséquences. Le Chrétien n'a pas à assumer devant ceux du monde. Jésus-Christ parlera pour lui. Le Seigneur a dit, s'agissant de la persécution des chrétiens : «*Mais quand on vous livrera, ne vous inquiétez ni de la manière dont vous parlerez ni de ce que vous direz ; **ce que vous aurez à dire vous sera donné à l'heure même** ; car ce n'est pas vous qui parlerez, **c'est l'Esprit de votre Père qui parlera en vous***» (**Matthieu 10:19-20**).

Dieu tient à ce que le cœur de Ses enfants soit en parfaite santé. Les chrétiens n'ont pas à gérer le choix de suivre Jésus et la sanctification qui en découle. Seule la sanctification doit préoccuper les chrétiens. Les conséquences appartiennent à Jésus-Christ.

Les querelles doivent par conséquent cesser, peu importe l'interlocuteur – gens du monde, collègue ou patron, relation, famille, etc. Si le chrétien gère ces aléas, son cœur ne tiendra pas longtemps. Qu'il abandonne tout à Jésus et mène le seul combat qui compte pour Dieu : la sanctification sans laquelle nul ne verra le Seigneur. Le cœur de ce chrétien sera toujours en parfaite santé et son corps suivra la tendance. Beaucoup de maladies cesseront de l'écraser, et le temple du Saint-Esprit, qu'il est, s'en portera mieux.

Tête-à-tête avec le Saint-Esprit

* Premier tête-à-tête

Lorsque vous acceptez d'héberger un homme, quel règlement observe-t-il pendant qu'il réside chez vous ? Le sien ou celui du voisin ou celui du propriétaire des lieux que vous êtes ? Celui du propriétaire bien sûr, fut ma réaction à cette question du Saint-Esprit. *Que se passera-t-il si l'hébergé persiste à aller à contrecourant du règlement fixé par le propriétaire ? Sera-t-il maintenu sur les lieux ? Non* fut ma réaction. Il sera expulsé.

Comment se fait-il alors que les hommes et les femmes n'observent pas le règlement intérieur que J'ai établi sur la terre que J'ai créée ? Ce règlement intérieur est la Bible. Les laisserai-Je continuellement fouler aux pieds Ma sainte Parole sur mon sol ? C'est pourquoi il y a beaucoup de morts sur la terre avant terme, ainsi que d'autres calamités qui frappent les humains. Même les chrétiens qui violent Mon commandement sur la terre n'y échappent pas. Telle est Ma sainteté et Je ne fais pas de considération de personne.

Les humains savent bien comment réagir lorsqu'un homme hébergé ne respecte pas le règlement de celui qui l'héberge. Ils expulsent le fautif. Cependant ils ne croient pas que Je puisse leur opposer la même sanction lorsqu'ils violent continuellement Ma loi devant Ma face, sur la terre que J'ai créée. Ils vont même jusqu'à prétendre que la terre vient d'un big-bang. Si les humains maîtrisent tellement le big-bang, pourquoi ne maîtrisent-ils pas la structure de l'atome pour empêcher la mort de les frapper ?

L'apôtre Paul vous a parfaitement mis en garde contre la violation de Mes commandements. Pour les jeunes qui n'honorent pas leurs parents, c'est une espérance de vie réduite. Pour les époux qui n'aiment pas leurs femmes, ce sont des prières bloquées. Cependant, malgré Mes sanctions, on ne revient pas de ses mauvais agissements avec sérieux.

Comment croyez-vous pouvoir vous asseoir à la même table qu'Abraham, vous qui ne supportez pas les épreuves que J'envoie pour solidifier votre foi ? Je n'ai promis à personne une vie terrestre sans souffrance. Tous mes prophètes ont souffert. Je ne fus pas Moi-même épargné durant Mon voyage terrestre. Comment le chrétien croit-il pouvoir s'asseoir à la même table qu'Abraham et les patriarches, quand il ne supporte pas la moindre épreuve ? Comment pense-t-il entrer dans Mon royaume avec une cuillère en argent dans la bouche ? Enlèverai-Je ce chrétien au son de la trompette de l'ange ?

J'exige que Mes chrétiens pratiquent une sanctification sans relâche et Je leur tendrai la main au son de la trompette. Qu'ils Me cherchent comme la prunelle de leurs yeux car Je n'enlèverai pas celui qui n'espère pas Ma venue, ni celui qui ne se consume pas à l'idée d'entrer dans la Jérusalem Céleste pour Mes noces.

Que ceux qui sont dans la bonne voie persévèrent. Je suis fidèle. Maranatha ! Je viens bientôt avec Ma rétribution.

- Deuxième tête-à-tête

Quand vous M'adressez vos prières, pensez-vous avoir des droits ? Celui qui prie, a-t-il des droits ? Le propriétaire d'un bien prie-t-il pour jouir de ce bien ou en dispose-t-il simplement à sa guise ?

Beaucoup de Mes serviteur s'adressent à Moi, parfois avec exaspération, comme s'ils étaient au bout d'eux-mêmes. Pensent-ils avoir des droits ? Ont-ils le droit d'être exaucés ou espèrent-ils plutôt Ma grâce ? Avez-vous lu dans Ma Parole que la prière donnait lieu à des droits ou plutôt à des grâces ? Certains vont même jusqu'à menacer de quitter le sacerdoce si Je n'exauce pas leurs prières. Cèderai-Je à ce chantage ?

Lorsqu'un condamné demande la grâce, exerce-t-il son droit à la vie ou plutôt espère-t-il la grâce de l'autorité ? L'autorité ne réagira-t-elle pas selon sa discrétion ? Cèdera-t-elle à une menace ou une forme de chantage ? Je M'étonne que Mes chrétiens se tiennent devant Moi avec une sorte d'urgence comme s'ils avaient droit à une réponse de Ma part. Les autorités terrestres prennent leur temps pour exaucer vos demandes gracieuses. Moi J'en serai privé ?

Lisez bien Ma Parole. N'ai-Je pas expulsé l'homme du Jardin d'Eden après l'avoir condamné à retourner à la poussière au terme d'un séjour difficile à terre ? N'ai-Je pas privé l'homme des droits les plus élémentaires de la vie ? J'ai bien dit à l'homme que c'est à la sueur de son front qu'il mangera son pain ; et à la femme que c'est dans la douleur qu'elle enfantera. Manger et enfanter ne sont-ils pas les exigences minimales de la vie sur terre ? Est-ce que l'avènement de Jésus-Christ a exonéré le chrétien de ces deux malédictions ? Connaissez-vous un chrétien qui mange sans suer ou une chrétienne qui accouche sans souffrir ?

En quittant cette terre, J'ai demandé que Mes chrétiens adressent des supplications au Père en Mon nom. Mais comment peuvent-ils transformer la prière gracieuse en exigence de droit ?

Lorsque vous adressez une requête gracieuse à l'autorité, n'agit-elle pas en toute discrétion comme il lui semble bon ? Pourquoi Mes chrétiens s'adressent-Ils à Mon Père avec tant de désinvolture comme s'ils avaient des droits ou un mérite à faire valoir ?

La prière ne sera jamais changée en droit. La prière reste une demande gracieuse. Lorsque J'exauce la prière d'un chrétien, Je ne lui accorde pas de droit, mais une grâce. Si dans l'attente de Ma réponse, il Me manque de respect, en vivant dans le péché par exemple, lui manifesterai-Je Mes grâces ? Quand tu pries et espères une réponse favorable de Mon Père, prends une attitude de brisement et de contrition car tu ne réclames aucun droit, mais la grâce.

De même que l'autorité à qui tu as adressé une requête gracieuse, te résistera si elle se rend compte que tu multiplies des actes condamnables, Mon Père aussi résistera au chrétien qui ne se sanctifie pas conformément à Sa sainteté, toutes ces choses sont parfaitement expliquées dans les Ecritures.

Quand tu pries, attends Ma réponse dans le brisement et la contrition sachant que tu espères Mes grâces et non des droits. Car les droits se méritent tandis que la grâce ne se mérite pas.

- Troisième tête-à-tête

Je suis Dieu et Ma bergerie est parfaitement clôturée. Nul n'y accèdera par la fenêtre tel un voleur. J'ai demandé à ceux qui M'aiment de passer par la porte étroite. Mais beaucoup agissent comme s'il existait une alternative à cette porte. Beaucoup ont en mémoire les grosses surfaces commerciales auxquelles on accède par plusieurs portes : nord, sud, est et ouest. Il n'y a pas plusieurs portes d'accès à Ma bergerie. Il n'y en a qu'une et Je m'y tiens posté, les yeux grandement ouverts. Je surveille l'entrée comme vous surveillez l'accès à vos maisons terrestres.

Peux-tu entrer dans la maison d'un homme sans y avoir été invité ? Si oui, alors tu es un voleur. Si vous savez protéger vos maisons terrestres avec des serrures, pensez-vous que Moi Jésus, Je ne saurai pas le faire sur Ma bergerie ? N'est-ce pas Me sous-estimez ?

Que personne ne s'imagine pouvoir accéder à Ma bergerie en passant par une porte dérobée. Nul n'y entrera sans Mon accord. L'argent et le bulldozer n'y pourront rien. Je suis vivant. Que le chrétien accepte les conditions d'accès à Ma bergerie. Elles ne sont pas difficiles car Mon fardeau est léger et Mon joug aisé.

Celui qui persévèrera jusqu'à la fin sera sauvé.

- Quatrième tête-à-tête

Vous n'examinez pas Ma Parole pour en explorer le contenu. Vous savez explorer les contrats passés entre humains. Mais rien de tel pour Ma Parole alors que celle-ci est vivante, plus vivante même que le ciel et la terre qui passeront comme un vêtement. Vous auriez dû méditer sur les différentes implications de la déclaration selon laquelle «Je suis le Lion de la tribu de Juda». Mais vous n'en faites rien ! Qu'est-ce qu'un lion ? Aurait-dû être une question essentielle de curiosité, mais au contraire, c'est devenu un pseudonyme dans la tête de nombreux chrétiens. Je le répète, Je ne suis ni un lion de pacotille ni un lion de papier. Je suis un vrai Lion. Satan rode comme un lion rugissant, mais n'est pas un lion. Il fait comme un lion mais ne l'est pas dans la réalité. Tandis que Je le suis Moi Jésus-Christ.

Un lion est un vainqueur. Lorsqu'il sort de sa tanière, il part en vainqueur car il sait que rien ne peut lui résister. Il fonce sur tout ce qui bouge, sans rien redouter. Il n'a peur de personne. Il est celui qui attaque et non celui qui est attaqué parce que tous les animaux le redoutent.

En tant que fils et filles de Dieu, il aurait dû vous venir à l'esprit que vous êtes aussi des lions et lionnes comme Moi. Comment le disciple d'un Lion ne sera pas, lui-aussi, un lion ? Impossible. Mais qu'est-ce que Je vois ? Des disciples apeurés par les païens. Des disciples qui se cachent par peur du qu'en dira-t-on. Voyez-vous l'ami du gouverneur vivre dans la peur ou la timidité ? Au contraire, il voudra que tout le monde le sache afin de tirer profit de sa position avantageuse.

J'avais dit : Que le monde voie vos œuvres justes et glorifie Mon Père céleste, mais Je reste sur Ma faim. Quel diplôme Joseph avait-il pour sauver l'Egypte de sept années de famine ? Quel diplôme David avait-il pour tuer le géant Goliath et délivrer Israël des mains des Philistins ? Quel diplôme possédait Daniel pour triompher devant plusieurs rois de Babylone, de Nebukadnetsar à Darius le Mède ? Ils avaient pour seul diplôme, Ma présence. J'étais présent. Ma présence aujourd'hui, c'est le Saint-Esprit qui demeure en vous et auprès de vous. Voyez comme ces héros furent grands en leur temps. Mon Père fut glorifié à travers eux. Vous avez en vous le plus grand diplôme de tous les temps : le Saint-Esprit. Oui Je suis avec vous pour triompher. Grandissez Mon Père auprès des païens et vous verrez la gloire de Dieu.

J'attends que les chrétiens marchent la tête haute ; pas comme s'ils étaient traqués par quelque menace invisible. Mon *disciple ne doit avoir honte ni de sa foi ni de vivre par elle. C'est à ceux du dehors d'avoir peur car, présent sur la peau des païens, le Saint-Esprit les convainc de péché, de justice et de jugement. C'est aux païens de se poser des questions, de se sentir coupables de ne pas Me connaître. Le chrétien n'a pas à avoir peur comme un voleur. Soyez forts et hardis ! Glorifiez votre Père céleste par Son Esprit qui demeure en vous !*

Soyez donc forts, confiants et hardis comme des lions dignes de la confiance du Lion de la tribu de Juda.

Remarque : de nombreux tête-à-tête avec le Saint-Esprit sont prévus dans la vie d'un chrétien, selon son niveau de sanctification. C'est la preuve que le Seigneur Jésus-Christ prend très au sérieux la mission confiée au Saint-Esprit, sur la terre, auprès des chrétiens. Le chrétien est donc invité à poursuivre sa sanctification sans relâche.

SOMMAIRE

Introduction 7

Genèse et découverte du Saint-Esprit 11

Eléments de base 12
- A la création, Dieu dota l'homme d'un esprit naturel 12
- L'homme naturel naît de la chair, vit par la chair et marche par la chair 13
- L'homme spirituel naît de l'Esprit, vit par l'Esprit et marche par l'Esprit 15

Utilité et rôle du Saint-Esprit 19
- Vis-à-vis du monde : le Saint-Esprit convainc de péché, de justice et de jugement 20
- Le Saint-Esprit sonde les profondeurs de Dieu avec le chrétien 23
- Quand est-ce que Dieu révèle Ses profondeurs à Ses enfants ? 26
- En visitant les profondeurs de Dieu, on entend la voix de Dieu 28

Le Saint-Esprit : Qui est-Il vraiment ? 29
- Une promesse 29
- Une Loi 32
- Une signature 33
- Une personne : Dieu 34
- Un don 37
- Une puissance 38
- Un guerrier 39
- L'Envoyé de Dieu sur terre 40
- L'unique communion avec le Père, le Fils et les autres chrétiens 41

Naître par l'Esprit : l'an un de la vie chrétienne 45

Recevoir le Saint-Esprit 46
- Qui peut recevoir le don du Saint-Esprit ? 46
- Comment reçoit-on le baptême/don du Saint-Esprit ? 47
- Le baptême du Saint-Esprit ne dispense pas du baptême d'eau 50
- Que le chrétien s'assure que le Saint-Esprit demeure en lui 51
- A quoi servent les dons du Saint-Esprit reçus par les chrétiens ? 54

Le temple du Saint-Esprit supérieur au temple de Moïse 55
- Le temple de Moïse fut redouté de tous 56
- Le temple de Moïse n'était cependant qu'un culte des anges 57
- Le temple du Saint-Esprit supérieur au temple de Moïse 60
- La forme réelle du temple de Dieu au ciel 63

Mort biologique, mort de l'esprit, mort de l'enfer 66
- La mort biologique ou physique 68
- La mort de l'esprit ou mort spirituelle 69
- La mort de l'enfer ou seconde mort 73

Vivre par l'Esprit 75

Le chrétien naît non du sang, ni de la volonté de la chair, ni de la volonté de l'homme, mais de Dieu, d'eau et d'Esprit 76

Par le Saint-Esprit, les chrétiens sont des saints, membres du royaume des cieux 82

L'homme naturel hérite de son géniteur : esprit, âme et corps 84

Mais le chrétien hérite l'Esprit de Dieu et la nature divine 86

Les exigences de la nature divine héritée par le chrétien 87

Comment le chrétien passe-t-il de la nature humaine à la nature divine ? 90

Marcher par l'Esprit **95**

Introduction 96

C'est Dieu qui fait entendre Sa voix par Son Esprit qui habite en l'homme 97

Marcher par l'Esprit n'a rien à voir avec les pulsions, excitations et autres sensations du corps humain 101

Marcher par l'Esprit, c'est marcher par l'épée de l'Esprit qui est la Parole du Seigneur 105

Prier par l'Esprit **115**

Libérer par l'Esprit **119**

Libérer des préjugés du monde 120

Libérer de la tyrannie des bonnes manières et des effets de mode 122

Libérer de la tyrannie des lois de la science 123

Libérer de la tyrannie des jours, des lieux et repas saints 124

Libérer pour tout apprendre 127

Ne pas attrister le Saint-Esprit, surtout pas ! **129**

Vie pratique avec le Saint-Esprit **133**

Le chrétien est toujours porté vers les choses d'en haut 134

Tout déposer aux pieds du Seigneur 136

Le cœur nouveau selon Dieu 138

Le chrétien est un rempart contre la destruction du monde par le diable 141

Les chrétiens sont des créatures merveilleuses 145

Le Saint-Esprit rend toujours joyeux 147

Tête-à-tête avec le Saint-Esprit 150
- Premier tête-à-tête 150
- Deuxième tête-à-tête 152
- Troisième tête-à-tête 155
- Quatrième tête-à-tête 156

*«En vérité, je vous le dis, partout où cette bonne nouvelle sera prêchée,
dans le monde entier, on racontera aussi en mémoire de cette femme
(Marie Madeleine) ce qu'elle a fait.»*
(Livre de Matthieu 26:13)

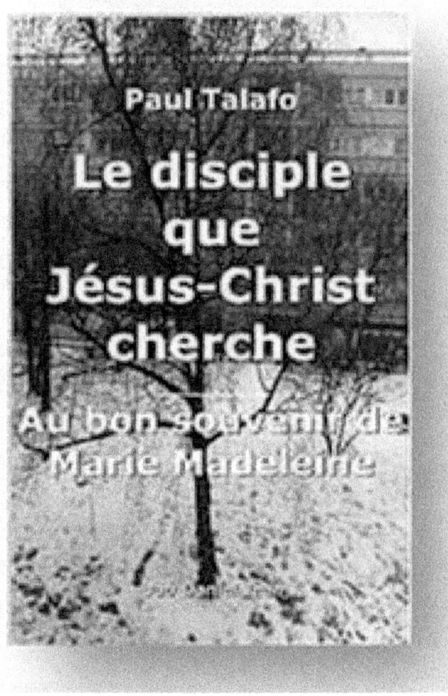

Ce livre expose le niveau d'engagement que le Seigneur Jésus-Christ attend de Son disciple à la lumière de Marie Madeleine, une ex-prostituée repentie dont la foi fut saluée comme un exemple à rappeler en tous lieux et dans toutes les générations. Le souvenir de ce témoignage est peu évoqué dans un monde où chaque église fait à peu près ce qu'elle veut, dans le tintamarre des activités à valeur ajoutée spirituelle incertaine. Au terme de ce livre, le lecteur aura une idée précise sur ce que le Seigneur attend de Son disciple ; le statut réel du disciple dans l'église, sa famille biologique et le monde ; les rapports normaux entre églises et ministères, entre églises et autorités gouvernementales ; l'origine du conflit entre Dieu et le diable, l'animosité du diable envers l'homme, la stratégie de Dieu pour le détruire et installer l'homme sur Son trône ; les étapes-clés d'une vie de sanctification conforme à la Loi de Dieu ; comment éviter les polémiques stériles et la persévérance dans l'adversité. Tous ces sujets sont étayés par des références bibliques qui raviveront l'amour du lecteur pour les saintes écritures qui souffrent parfois d'un air de déjà lues.

«*Les premiers seront les derniers, et les derniers seront les premiers*»
(**Marc 10:31**)

En revisitant ces propos de Jésus-Christ dans l'évangile de, certains diront que le Seigneur traduisait, en Ses propres termes, quelques-unes des leçons que l'avenir sait réserver. En effet de nombreux exemples tirés de la société permettent d'appréhender cette leçon des choses. Sauf que Jésus n'était pas homme à redire ce que tout le monde ou presque savait déjà ! Au-delà d'un cas banal d'ancienne fortune ruinée par les malheurs, ou d'ex-ouvrier parti du bas pour atteindre le sommet de

l'échelle sociale, Jésus-Christ rappelle chacun au bon souvenir d'un astre brillant qui, jadis et bien avant la fondation du monde, s'appuya sur sa splendeur et son succès pour attenter au trône de Sa majesté Céleste. Un événement historique qui poussa l'Eternel Dieu à conseiller à Ses disciples de se *laver les pieds les uns les autres* en souvenir de Jésus ou encore, que celui qui *voudrait être le plus grand, le chef, devienne le serviteur de tous.*

Ce livre s'inspire, en partie, du drame vécu par l'apôtre Paul, le jour où, sur la route de Damas, en pleine campagne de persécution des chrétiens Juifs de la diaspora, il fut foudroyé par le Seigneur Jésus-Christ. Comment lui, alias Saul de Tarse, docteur de la loi d'Israël, pharisien, disciple du grand rabbin Gamaliel, avait-il été aussi éloigné de la vérité sur le salut en Christ ? Comment avait-il, dans son aveuglement, combattu et persécuté l'église de Jésus-Christ ? Il fut dans la confusion trois jours au cours desquels, aveuglé par la lumière

foudroyante du Seigneur, il ne mangea ni ne but (**Actes 9:10**).

Paul ne pouvait pas tirer un trait sur tout ce qu'il avait appris jadis, car sa vocation était fondée sur les lois de Moïse, homme de Dieu respecté de tous. Il ne pouvait pas croire que Moïse et le sacerdoce lévitique n'avaient été que symbolisme et gesticulation. Si lui et plusieurs de ses compatriotes avaient été si éloignés de la vérité en Christ, c'est qu'il y avait un mystère derrière tout cela, un mystère à percer. Et c'est ce qu'il entreprit de faire. La clé de ce mystère tenait à une question qu'il n'avait de cesse de se poser : Pourquoi le Seigneur avait-Il enfermé Israël dans la loi de Moïse, l'ancienne alliance, alors que le salut véritable s'obtenait par la foi (**Galates 3:19**) ? La clarification de cette question est au cœur de la doctrine de Paul sur le *salut par la grâce, au moyen de la foi.*

Le roi David supplia Dieu de ne pas lui retirer Son Esprit Saint après l'acte criminel dont il se rendit coupable sur l'un de ses généraux. Une issue qui aurait pu entraîner l'effacement de son nom du livre de vie de l'Agneau. Une fois le pardon reçu de Dieu, il reconnut que **les sacrifices agréables à Dieu, c'est un cœur brisé et contrit**, et non une avalanche de largesses malgré leur utilité.

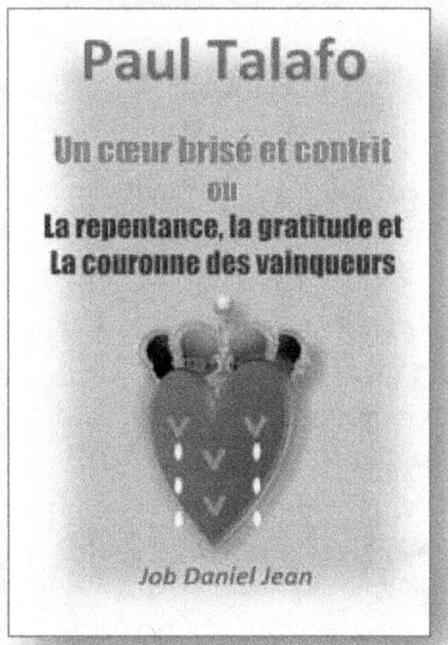

Marie Madeleine répandant un parfum de grand prix sur la tête de Jésus-Christ et Zachée offrant la moitié de sa fortune aux pauvres, ce sont des actes *dignes de la repentance* que Dieu exhorte les chrétiens à poser. Parce que celui à qui on a beaucoup pardonné aime beaucoup. Peut-on imaginer qu'un acte puisse effacer ses crimes devant Dieu ? Bien sûr que non, toutefois, le geste de contrition et de regret parle plus que mille phrases.

Une repentance mal négociée est source de déconvenues et malheurs dans la vie d'un chrétien. En disant «*Heureux les miséricordieux car ils obtiendront miséricorde*» et «*Il n'y a pas de miséricorde pour quiconque ne fait pas miséricorde*», l'Ecriture reconnait qu'une repentance insuffisante et l'absence de miséricorde peuvent causer au chrétien de graves désagréments jusqu'à la perte de son âme.

La Parole de Dieu ne ment pas. Dieu pense réellement ce qu'Il dit. En tant que Roi des cieux, Roi des rois, Ses enfants ne sont pas moins des princes héritiers de la Couronne céleste, avec droit d'accès aux richesses de Dieu sur la terre comme au ciel. Mais il semble que seules les richesses de la terre préoccupent ces derniers. Il est en effet notable que les chrétiens ciblent les richesses de la terre, celles que les

païens ont également en ligne de mire. Non seulement cela augure d'une bataille féroce pour leur contrôle, mais paradoxalement, Dieu exhorte les chrétiens à ne pas amasser leurs richesses sur la terre à cause des voleurs, des vers et de la rouille.

Les Ecluses des cieux, en revanche, sont accessibles aux chrétiens sur la terre, **présentement en ce temps-ci**, à l'abri des crashs boursiers et des braquages divers. Il suffit de croire et tendre la main car Dieu a promis et Il tient Ses promesses :

«Mettez-Moi de la sorte à l'épreuve, dit l'Éternel des armées. Et vous verrez si Je n'ouvre pas pour vous les écluses du ciel»

Malgré de nombreux appels à l'unité de l'Eglise, car il y a un seul corps, un seul Esprit, une seule espérance, un seul Seigneur, une seule foi, un seul baptême, un seul Dieu et Père de tous, nous faisons le constat, pour le déplorer, de l'existence de nombreuses divisions ecclésiastiques dans le monde en général, dans la ville où vous vivez en particulier.

Le présent livre se penche sur les Ecritures et la liberté de l'Esprit prônée par les apôtres, pour proposer les étapes-clés de l'édification d'une expérience chrétienne solide, sans complexe, ni

compromission. Ces étapes permettront au chrétien de se débarrasser du complexe de jeune converti envers un chrétien plus ancien. Le Seigneur Jésus-Christ exige que le chrétien, quel que soit son âge, garde les commandements de Son Père. Ce livre encourage le chrétien à focaliser son attention sur la Parole de Dieu, de préférence aux traditions humaines qui ont le malheur, souvent, de supplanter le commandement de Dieu dans les églises. Jésus fit en effet le reproche que voici : «*Vous abandonnez le commandement de Dieu, et vous tenez à la tradition des hommes. Il poursuivit : Vous rejetez bel et bien le commandement de Dieu pour garder votre tradition*» (**Marc 7:8-9**).

Edition, Montage infographique :
Job Daniel Jean, ministère chrétien pour l'enseignement
Photo de couverture : Auteur

Cet ouvrage a été conçu, achevé et rendu disponible à l'imprimerie en
Février 2016

N° d'édition : 01
Dépôt légal : Février 2016
Imprimé à la demande par Lulu